Marc ...

DÉVELOPPEMENT PERSONNEL

PENSÉES POUR MOI-MÊME

Nouvelle traduction par Jules Barthélemy-Saint-Hilaire

Éditions FreeMind

Table des matières

Les Pensées pour moi-même, est le titre d'une série de réflexions divisées en douze parties, rédigées en grec entre 170 et 180 par l'empereur Marc Aurèle qui régna de 161 à 180 apr. J.-C., et écrites au moins partiellement pendant ses campagnes militaires. N'étant pas destiné à être lu par qui que ce soit excepté l'auteur lui-même, le texte est adressé à Marc Aurèle lui-même.

L'empereur s'y fait de nombreux reproches, réexpose périodiquement les mêmes idées et se donne des exercices afin de ne pas céder aux multiples tentations et facilités auxquelles il est exposé.

C'est un ouvrage considéré par tous les spécialistes comme une source de développement personnel de référence et une œuvre majeure de la philosophie stoïcienne.

Partie 1

I. — **De mon grand-père Vérus :** la bonté coutumière, le calme inaltérable.

II. — **De la réputation et du souvenir que laissa mon père :** la réserve et la force virile.

III. — **De ma mère :** la piété, la libéralité, l'habitude de s'abstenir non seulement de mal faire, mais de s'arrêter encore sur une pensée mauvaise. De plus la simplicité du régime de vie, et l'aversion pour le train d'existence que mènent les riches.

IV. — **De mon bisaïeul :** n'avoir point fréquenté les écoles publiques ; avoir, à domicile, bénéficié de bons maîtres, et avoir compris qu'il faut, pour de telles fins, largement dépenser.

V. — **De mon précepteur :** n'avoir point pris parti pour les Verts ni les Bleus, pour les Courts ni pour les Longs-Boucliers ; supporter la fatigue et se contenter de peu ; faire soi-même sa besogne, et ne pas s'ingérer dans une foule d'affaires ; mal accueillir la calomnie.

VI. — **De Diognète :** réprouver les futilités ; ne point ajouter foi à ce que racontent les charlatans et les magiciens sur les incantations, la conjuration des esprits et autres contes semblables ; ne pas nourrir des cailles ni s'engouer pour des folies de ce genre ; avoir pris goût à la philosophie, et avoir eu pour maîtres d'abord Bacchius, puis Tandasis et Marcianos ; m'être appliqué, dès l'enfance, a composer des dialogues ; avoir opté pour un lit dur et de simples peaux, et pour toutes les autres pratiques de la discipline hellénique.

VII. — **De Rusticus :** avoir pris conscience que j'avais besoin de redresser et de surveiller mon caractère ; avoir évité de se passionner pour la sophistique, de rédiger des traités, de déclamer de piteux discours exhortatifs, et de frapper les imaginations pour se montrer un homme actif et bienfaisant ; m'être détaché de la rhétorique, de la poétique et de l'art de parler avec trop d'élégance

; m'être interdit de me promener en toge à la maison, et d'étaler quelque autre faste ; écrire mes lettres avec simplicité, comme était celle qu'il écrivit lui-même de Sinuesse à ma mère ; envers ceux qui nous ont irrités et offensés, être disposé à l'indulgence et à la réconciliation, aussitôt qu'ils veulent revenir ; lire avec attention, et ne pas se contenter d'une intelligence globale ; ne pas accorder aux bavards un prompt assentiment ; avoir pu connaître les écrits conservant les leçons d'Épictète, écrits qu'il me communiqua de sa bibliothèque.

VIII. — D'Apollonius : l'indépendance et la décision sans équivoque et sans recours aux dés ; ne se guider sur rien autre, même pour peu de temps, que sur la raison ; rester toujours le même, dans les vives souffrances, la perte d'un enfant, les longues maladies ; avoir vu clairement, sur un vivant modèle, que le même homme peut être très énergique en même temps que doux ; ne se pas s'impatienter au cours de ses explications ; avoir vu un homme qui visiblement estimait comme le moindre de ses mérites, l'expérience et l'habileté à transmettre les principes des sciences ; avoir appris comment il faut recevoir de nos amis ce qui passe pour être des services, sans se laisser diminuer par ces bons offices, sans grossièrement les refuser.

IX. — De Sextus : la bienveillance ; l'exemple de ce qu'est une maison soumise aux volontés du père ; l'intelligence de ce que c'est que vivre conformément à la nature ; la gravité sans affectation ; la sollicitude attentive pour les amis ; la patience envers les ignorants et envers ceux qui décident sans avoir réfléchi ; l'art de s'accommoder à toutes espèces de gens, de telle sorte que son commerce était plus agréable que toute flatterie, et qu'il leur imposait, par la même occasion, le plus profond respect ; l'habileté à découvrir avec intelligence et méthode et à classer les préceptes nécessaires à la vie ; et ceci, qu'il ne montra jamais l'apparence de la colère ni d'aucune autre passion, mais qu'il était à la fois le moins passionné et le plus tendre des hommes ; l'art de savoir sans bruit adresser des louanges, de connaître beaucoup sans chercher à briller.

X. — D'Alexandre le grammairien : s'abstenir de blâmer ; ne pas critiquer d'une façon blessante ceux qui ont commis un barbarisme, un solécisme, ou quelque autre faute choquante, mais amener adroitement le seul terme qu'il fallait proférer, sous couvert de réponse, de témoignage à l'appui, ou de commun débat sur le fond même du sujet, et non sur la forme, ou par quelque autre moyen d'avertissement occasionnel et discret.

XI. — De Fronton : avoir observé à quel degré d'envie, de souplesse et de dissimulation les tyrans en arrivent, et que, pour la plupart, ceux que chez nous nous appelons patriciens sont, en quelque manière, des hommes sans cœur.

XII. — D'Alexandre le Platonicien : ne pas, souvent et sans nécessité, dire à quelqu'un ou mander par lettre : « Je n'ai pas le temps. » Et, par ce moyen, constamment ajourner les obligations que commandent les relations sociales, en prétextant l'urgence des affaires.

XIII. — De Catulus : ne jamais être indifférent aux plaintes d'un ami, même s'il arrive que ce soit sans raison qu'il se plaigne, mais essayer même de rétablir nos relations familières ; souhaiter du fond du cœur du bien à ses maîtres, ainsi que faisaient, comme on le rapporte, Domitius et Athénodote ; avoir pour ses enfants une véritable affection.

XIV. — De mon frère Sévérus : l'amour du beau, du vrai, du bien ; avoir connu, grâce à lui, Thraséas, Helvidius, Caton, Dion, Brutus ; avoir conçu l'idée d'un état juridique fondé sur l'égalité des droits, donnant à tous un droit égal à la parole, et d'une royauté qui respecterait avant tout la liberté des sujets. Et de lui aussi : l'estime constante et soutenue pour la philosophie ; la bienfaisance, la libéralité assidue ; la confiance et la foi en l'amitié de ses amis ; ne pas déguiser ses reproches envers ceux qui se trouvaient les avoir mérités, et ne pas laisser ses amis se demander : « Que veut-il, ou que ne veut-il pas ? », mais être d'une évidence nette.

XV. — De Maximus : être maître de soi et ne pas se laisser entraîner par rien ; la bonne humeur en toutes circonstances, même dans les maladies ; l'heureux mélange, dans le caractère, de douceur et de gravité ; l'accomplissement sans difficulté de toutes les tâches qui se présentaient ; la conviction où tous étaient qu'il parlait comme il pensait et qu'il agissait sans intention de mal faire ; ne point s'étonner ni se frapper ; ne jamais se hâter, ni tarder, ni se montrer irrésolu ou accablé ; ne pas rire à gorge déployée, pour redevenir irritable ou défiant ; être bienfaisant, magnanime et loyal ; donner l'idée d'un caractère droit plutôt que redressé. Et ceci encore : que personne n'a jamais pu se croire méprisé par lui, ni osé se prendre pour meilleur que lui ; la bonne grâce, enfin.

XVI. — De mon père : la mansuétude, et l'inébranlable attachement aux décisions mûrement réfléchies ; l'indifférence pour la vaine gloire que donne ce qui passe pour être des honneurs ; l'amour du travail et la persévérance ; prêter l'oreille à ceux qui peuvent apporter quelque conseil utile à la communauté ; inexorablement attribuer à chacun selon son mérite ; l'art de savoir quand il faut se raidir, quand se relâcher ; le moment où il faut mettre un terme aux amours pour les adolescents ; la sociabilité ; la faculté laissée à ses amis de ne pas toujours manger à sa table et de ne point partir obligatoirement en voyage avec lui, mais être retrouvé toujours le même par ceux qui avaient dû, pour certaines affaires, s'en éloigner ; le soin scrupuleux de tout peser dans les délibérations, de persister et de ne jamais abandonner une enquête, en se montrant satisfait des apparences faciles ; l'art de conserver ses amis, de ne jamais s'en dégoûter ni de s'en rendre éperdument épris ; la capacité de se suffire en tout par soi-même et d'être serein ; prévoir de loin et régler d'avance les plus petits détails sans outrance tragique ; réprimer les acclamations et toute flatterie à son adresse ; veiller sans cesse aux nécessités de l'Empire, ménager les ressources et supporter ceux qui le blâmaient d'une telle conduite ; envers les Dieux, point de superstition ; envers les hommes, nulle recherche de popularité, ni désir de plaire ou de gagner la faveur de la foule ; mais, modéré en tout, résolu, jamais mal élevé, ni possédé par le besoin d'innover ; user à la fois, sans morgue et sans détour, des biens qui donnent de l'agrément à l'existence — et la Fortune les lui avait en abondance offerts — de sorte qu'il en usait sans orgueil comme sans détour, s'il les trouvait à sa portée, et qu'il n'en sentait pas le besoin, s'ils lui manquaient.

Et ceci : que personne n'a pu dire qu'il fût un sophiste, une âme triviale, un désœuvré, mais au contraire que c'était un homme mûr, accompli, inaccessible à la flatterie et susceptible de diriger et ses propres affaires et celles des autres. Et encore : respecter les vrais servants de la philosophie ; et, quant aux autres, ne point les offenser ni se laisser leurrer par eux.

Et ceci : son commerce agréable et sa bonne grâce infastidieuse ; le soin mesuré qu'il prenait de son corps, non pas en homme amoureux de la vie, mais sans coquetterie comme sans négligence : aussi, grâce au soin qu'il eut de sa propre personne, presque jamais il ne fit appel à la médecine, aux remèdes et aux topiques. Et surtout : son art de s'effacer sans jalousie devant ceux qui s'étaient acquis quelque supériorité, comme, par exemple, dans la facilité de l'élocution, la connaissance des lois, des coutumes ou de toute autre matière, et son empressement à faire que chacun, selon sa spéciale capacitée, soient honoré ; suivre en toutes les traditions ancestrales sans afficher la prétention de garder les traditions des aïeux.

Et ceci : ne pas aimer à se déplacer ni à s'agiter, mais se plaire à rester dans les mêmes lieux et dans les mêmes occupations ; après de violents accès de maux de tête, revenir aussitôt, avec un nouvel entrain et une pleine vigueur, à ses travaux coutumiers ; se souvenir qu'il n'eut pas beaucoup de secrets, mais fort peu et de très peu fréquents, et seulement à propos des intérêts de l'État ; sa sagacité et sa mesure dans la célébration des fêtes, dans la construction des édifices, les distributions et autres choses analogues, tel un homme qui ne regarde qu'à ce qu'il doit faire et non pas à la gloire que lui vaudra ce qu'il fait ; ne pas se baigner en temps inopportun ; ne pas aimer à construire des maisons ; ne pas se tracasser au sujet du manger, ni à propos du tissu ou de la couleur de ses vêtements, ni pour la tournure de ses serviteurs ; il tirait sa toge, de Lorium, de sa ferme d'en bas, et la plupart des vêtements qu'il portait en Lanuvium ; à Tusculum, il demandait à son intendant ce qu'il lui fallait, et toute sa mise était à l'avenant. Personne ne le vit jamais dur, ni soupçonneux, ni emporté, de sorte que jamais on ne put- dire de lui : « Il en sue ! »

Mais toutes ses actions étaient distinctement réfléchies, comme à loisir, sans trouble, avec ordre, vigueur et accord dans leur suite. On pourrait lui appliquer ce qu'on rapporte de Socrate, dont il était aussi capable de se priver que de jouir de ces biens, dont la plupart des hommes ne peuvent être privés sans amoindrissement ni en jouir sans s'y abandonner. Être fort et maître de soi, modéré dans les deux cas, sont d'un homme ayant une âme équilibrée et inébranlable, comme il le montra dans la maladie dont il mourut.

XVII. — Des Dieux : avoir eu de bons aïeuls, de bons générateurs, une bonne sœur, de bons parents, de bons serviteurs, des proches et des amis presque tous bons ; ne m'être jamais laissé entraîner à aucune négligence vis-à-vis d'aucun d'eux, bien que j'eusse un caractère qui m'aurait permis, si l'occasion s'en était offerte, de m'en rendre coupable : c'est un bienfait des Dieux, s'il ne s'est trouvé aucun concours de circonstances qui aurait dû me confondre ; n'avoir pas été élevé trop longtemps chez la concubine de mon grand-père ; avoir conservé la fleur de ma jeunesse, et ne pas avoir prématurément fait acte de virilité, mais en avoir même retardé le moment ; avoir été sous les ordres d'un prince, d'un père qui devait m'enlever tout orgueil et m'amener à comprendre qu'il est possible de vivre à la cour sans avoir besoin de gardes du corps, de vêtements de parade, de lampadaires, de statues, de choses analogues et d'un luxe semblable, mais qu'il est possible de se réduire presque au train de vie d'un simple particulier, sans déchoir pour cela ou se montrer plus négligent, lorsqu'il s'agit de s'acquitter en chef de ses devoirs d'État ; avoir obtenu un frère tel qu'il pouvait, par son caractère, m'inciter à me rendre vigilant sur moi-même et qui, en même temps, me rendît heureux par sa déférence et par son affection ; n'avoir pas eu des enfants disgraciés ni contrefaits ; n'avoir point fait de trop grands progrès en rhétorique, en poétique et en d'autres arts qui m'eussent peut-être retenu, si j'avais senti que j'y faisais de bons progrès ; avoir prévenu mes maîtres, en les établissant dans la dignité qu'ils me semblaient désirer, et ne m'être point remis à l'espoir, puisqu'ils étaient encore jeunes, que je pourrais plus tard réaliser ce dessein ; avoir connu Apollonius, Rusticus, Maximus ; m'être représenté clairement et maintes fois ce que c'est qu'une vie conforme à la nature, de sorte que, dans la mesure où cela dépend des Dieux, des communications, des secours et des inspirations qui nous viennent d'eux, rien ne m'a, depuis longtemps, empêché de vivre conformément à la nature : si je suis encore éloigné du but, c'est par ma faute, et parce que je ne tiens pas compte des avertissements des Dieux et, pour ainsi dire, de leurs leçons ; avoir eu un corps assez résistant pour aussi longtemps supporter une pareille vie ; n'avoir touché ni à Benedicta, ni à Theodotus, et, plus tard, si j'ai été atteint par les passions amoureuses, m'en être guéri ; dans mon ressentiment contre Rusticus, n'avoir commis aucun excès dont j'aurais eu à me repentir ; que ma mère, qui devait mourir jeune, ait pu toutefois passer auprès de moi ses dernières années ; toutes les fois que j'ai voulu secourir un homme dans la gêne ou dans quelque autre besoin, ne m'être jamais entendu répondre que je n'avais plus d'argent pour me le permettre ; n'être pas personnellement tombé dans une pareille nécessité, de façon à devoir réclamer l'aide d'autrui ; avoir eu une femme comme la mienne, si obéissante, si tendre, si simple ; avoir facilement trouvé d'excellents maîtres pour mes enfants ; avoir obtenu en songe la révélation de divers remèdes, et en particulier contre les crachements de sang et les vertiges, et cela, à Gaète, comme par oracle ; lorsque j'eus pris goût à la philosophie, n'être pas tombé sur quelque sophiste, et ne point m'être attardé à l'analyse des auteurs ou des syllogismes, ni à observer les phénomènes célestes. Tout ceci exige le secours des Dieux et de la Fortune.

Chez les Quades, au bord du Gran.

Partie 2

I. — Dès l'aurore, dis-toi par avance : « Je rencontrerai un indiscret, un ingrat, un insolent, un fourbe, un envieux, un insociable. Tous ces défauts sont arrivés à ces hommes par leur ignorance des biens et des maux. Pour moi, ayant jugé que la nature du bien est le beau, que celle du mal est le laid, et que la nature du coupable lui-même est d'être mon parent, non par la communauté du sang ou d'une même semence, mais par celle de l'intelligence et d'une même parcelle de la divinité, je ne puis éprouver du dommage de la part d'aucun d'eux, car aucun d'eux ne peut me couvrir de laideur. Je ne puis pas non plus m'irriter contre un parent, ni le prendre en haine, car nous sommes nés pour coopérer, comme les pieds, les mains, les paupières, les deux rangées de dents, celle d'en haut et celle d'en bas. Se comporter en adversaires les uns des autres est donc contre nature, et c'est agir en adversaire que de témoigner de l'animosité et de l'aversion. »

II. — Tout ce que je suis, c'est une chair, avec un souffle et un principe directeur. Renonce aux livres ; ne te laisse pas absorber : ce ne t'est point permis. Mais, comme un homme déjà en passe de mourir, méprise la chair : sang et poussière, petits os, tissu léger de nerfs et entrelacement de veines et d'artères. Examine aussi ce qu'est le souffle : du vent qui n'est pas toujours le même, car à tout moment tu le rends pour en avaler d'autres. Il te reste, en troisième lieu, le principe directeur. Pense à ceci : tu es vieux ; ne permets plus qu'il soit esclave, qu'il soit encore comme tiré par les fils d'une égoïste impulsion, ni qu'il s'aigrisse contre son sort actuel, ou bien qu'il appréhende celui qui doit venir.

III. -Les œuvres des Dieux sont pleines de providence ; celles de la Fortune ne se font pas sans la nature ou sans être filées et tissées avec les événements que dirige la Providence. Tout découle de là. De plus, tout ce qui arrive est nécessaire et utile au monde universel, dont tu fais partie. Aussi, pour toute partie de la nature, le bien est-il ce que comporte la nature universelle et ce qui est propre à sa conservation. Or, ce qui conserve le monde, ce sont les transformations des éléments, aussi bien que celles de leurs combinaisons. Que cela te suffise et te serve de principes. Quant à ta soif de livres, rejette-la, afin de ne pas mourir en murmurant, mais véritablement apaisé et le cœur plein de gratitude envers les Dieux.

IV. — Rappelle-toi depuis combien de temps tu remets à plus tard et combien de fois, ayant reçu des Dieux des occasions de t'acquitter, tu ne les as pas mises à profit. Mais il faut enfin, dès maintenant, que tu sentes de quel monde tu fais partie, et de quel être, régisseur du monde, tu es une émanation, et qu'un temps limité te circonscrive. Si tu n'en profites pas, pour accéder à la sérénité, ce moment passera ; tu passeras aussi, et jamais plus il ne reviendra.

V. — À tout moment, songe avec gravité, en Romain et en mâle, à faire ce que tu as en main, avec une stricte et simple dignité, avec amour, indépendance et justice, et à donner congé à toutes les autres pensées. Tu le leur donneras, si tu accomplis chaque action comme étant la dernière de ta vie, la tenant à l'écart de toute irréflexion, de toute aversion passionnée qui t'arracherait à l'empire de la raison, de toute feinte, de tout égoïsme et de tout ressentiment à l'égard du destin. Tu vois combien sont peu nombreux les préceptes dont il faut se rendre maître pour pouvoir vivre d'une vie paisible et passée dans la crainte des Dieux, car les Dieux ne réclameront rien de plus à qui les observe.

VI. — Injurie-toi, injurie-toi, ô mon âme ! Tu n'auras plus l'occasion de t'honorer toi-même. Brève, en effet, est la vie pour chacun. La tienne est presque achevée, et tu n'as pas de respect pour toi-même, car tu mets ton bonheur dans les âmes des autres.

VII. — Les accidents du dehors te distraient-ils ? Donne-toi le loisir d'apprendre quelque bonne vérité, et cesse de te laisser emporter par le tourbillon. Évite aussi désormais cet autre égarement. Insensés, en effet, sont ceux qui, à force d'agir, sont fatigués par la vie, et n'ont pas un but où diriger tout leur élan et, tout à la fois, leur pensée tout entière.

VIII. — Il n'est pas facile de voir un homme malheureux pour n'avoir point arrêté sa pensée sur ce qui passe dans l'âme d'un autre. Quant à ceux qui ne se rendent pas compte des mouvements de leur âme propre, c'est une nécessité qu'ils soient malheureux.

IX. — Il faut toujours se souvenir de ceci : quelle est la nature du Tout ? Quelle est la mienne ? Comment celle-ci se comporte-t-elle à l'égard de celle-là ? Quelle partie de quel Tout est-elle ? Noter aussi que nul ne peut t'empêcher de toujours faire et de dire ce qui est conforme à la nature dont tu fais partie.

X. — C'est en philosophe que Théophraste affirme, dans sa comparaison des fautes, comme le ferait un homme qui les comparerait en se référant au sens commun, que les fautes commises par concupiscence sont plus graves que celles qui le sont par colère. L'homme en colère, en effet, paraît s'écarter de la raison avec quelque douleur et avec un certain resserrement sur soi-même. Mais celui qui pèche par concupiscence, vaincu par la volupté, se montre en quelque sorte plus relâché et plus charmé dans ses fautes. À bon droit, donc et en vrai philosophe, Théophraste a dit que celui qui faute avec plaisir mérite un plus grand blâme que celui qui pèche avec douleur. En somme, l'un ressemble plutôt à un homme offensé et forcé, par douleur, à se mettre en colère ; l'autre s'est jeté de lui-même dans l'injustice, se portant à faire ce à quoi l'incite la concupiscence.

XI. — Tout faire, tout dire et tout penser, en homme qui peut sortir à l'instant de la vie. Quitter les hommes, s'il y a des Dieux, n'a rien de redoutable, car ceux-ci ne sauraient te vouer au malheur. Mais, s'il n'y en a pas, ou s'ils n'ont aucun soin des choses humaines, qu'ai-je affaire de vivre dans un monde sans Dieux et vide de Providence ? Mais ils existent et ils ont soin des choses humaines, et, pour que l'homme ne tombe pas dans les maux qui sont des maux véritables, ils lui en ont donné tous les moyens. S'il était quelque mal en dehors de ces maux, les Dieux y auraient également pourvu, afin que tout homme fût maître d'éviter d'y tomber. Mais, comment ce qui ne rend pas l'homme pire pourrait-il rendre pire la vie de l'homme ? Ce n'est point pour l'avoir ignoré ni pour en avoir eu connaissance sans pouvoir le prévenir ou le corriger, que la nature universelle aurait laissé passer ce mal ; elle ne se serait pas, par impuissance ou par incapacité, trompée au point de faire échoir indistinctement aux bons et aux méchants une part égale de biens et de maux ? Or, la mort et la vie, la gloire et l'obscurité, la douleur et le plaisir, la richesse et la pauvreté, toutes ces choses échoient également aux bons et aux méchants, sans être par elles-mêmes ni belles ni laides. Elles ne sont donc ni des biens ni des maux.

XII. — Comme tout s'évanouit promptement : les corps eux-mêmes dans le monde, et leur souvenir dans la durée ! Tels sont tous les objets sensibles, et particulièrement ceux qui nous amorcent par l'appât du plaisir, qui nous effraient par l'idée de la douleur, ou bien qui nous font jeter des cris d'orgueil. Que tout cela est vil, méprisable, abject, putride et mort, aux yeux de la raison qui peut s'en rendre compte ! Que sont donc ceux dont l'opinion et la voix donnent la célébrité ? Qu'est-ce que mourir ? Si l'on envisage la mort en elle-même, et si, divisant sa notion, on en écarte les fantômes dont elle s'est revêtue, il ne restera plus autre chose à penser, sinon qu'elle est une action naturelle. Or celui qui redoute une action naturelle est un enfant. La mort pourtant n'est pas uniquement une action naturelle, mais c'est encore une œuvre utile à la nature. Comment l'homme touche-t-il à Dieu ? Par quelle partie de lui-même, et comment surtout cette partie de l'homme s'y trouve-t-elle disposée ?

XIII. — Rien de plus misérable que l'homme qui tourne autour de tout, qui scrute, comme on dit, « les profondeurs de la terre », qui cherche à deviner ce qui se passe dans les âmes d'autrui, et qui ne sent pas qu'il lui suffit d'être en face du seul génie qui réside en lui, et de l'honorer d'un culte sincère. Ce culte consiste à le conserver pur de passion, d'inconsidération et de mauvaise humeur contre ce qui nous vient des Dieux et des hommes. Ce qui vient des Dieux, en effet, est respectable en raison de leur excellence ; ce qui vient des hommes est digne d'amour, en vertu de notre parenté commune ; digne aussi parfois d'une sorte de pitié, en raison de leur ignorance des biens et des maux, aveuglement non moindre que celui qui nous prive de distinguer le blanc d'avec le noir.

XIV. — Quand tu devrais vivre trois fois mille ans, et même autant de fois dix mille ans, souviens-toi pourtant que nul ne perd une vie autre que celle qu'il vit, et qu'il ne vit pas une vie autre que celle qu'il perd. Par-là, la vie la plus longue revient à la vie la plus courte. Le temps présent, en effet, étant le même pour tous, le temps passé est donc aussi le même, et ce temps disparu apparaît ainsi infiniment réduit. On ne saurait perdre, en effet, ni le passé, ni l'avenir, car comment ôter à quelqu'un ce qu'il n'a pas ? Il faut toujours se souvenir de ces deux choses : l'une que tout, de toute éternité, est d'identique aspect et revient en de semblables cercles, et qu'il n'importe pas qu'on fixe les yeux sur les mêmes objets durant cent ans, deux cents ans, ou durant l'infini du cours de la durée. L'autre, que celui qui a le plus longtemps vécu et que celui qui mourra le plus tôt, font la même perte. C'est du seul présent, en effet, que l'on peut être privé, puisque c'est le seul présent qu'on a et qu'on ne peut perdre ce qu'on n'a point.

XV. — Que tout est opinion. — Évidentes sont les paroles adressées au cynique Monimos. Évidente aussi est l'utilité de ce qu'on y avance, si l'on admet, dans la limite du vrai, tout ce qu'il y a là d'agréable.

XVI. — L'âme de l'homme se fait surtout injure, lorsqu'elle devient, autant qu'il dépend d'elle, une tumeur et comme un abcès du monde. S'irriter en effet contre quelque événement que ce soit est se développer en dehors de la nature, en qui sont contenues, en tant que parties, les natures de chacun de tout le reste des êtres. L'âme se fait ensuite injure, lorsqu'elle conçoit pour un homme de l'aversion ou que, pour lui nuire, contre lui elle se dresse, telle que les âmes des hommes en colère. Troisièmement, elle se fait injure, lorsqu'elle est vaincue par le plaisir ou par la douleur. Quatrièmement, lorsqu'elle dissimule, agit ou parle sans franchise et contrairement à la vérité. Cinquièmement, lorsqu'elle ne dirige son activité et son initiative vers aucun but, mais s'applique à n'importe quoi, au hasard et sans suite, alors que nos moindres actions devraient être ordonnées par rapport à une fin. Or, la fin des êtres raisonnables, c'est d'obéir à la raison et à la loi du plus vénérable des États et des Gouvernements.

XVII. — Le temps de la vie de l'homme, un instant ; sa substance, fluente ; ses sensations, indistinctes ; l'assemblage de tout son corps, une facile décomposition ; son âme, un tourbillon ; son destin, difficilement conjectural ; sa renommée, une vague opinion. Pour le dire en un mot, tout ce qui est de son corps est eau courante ; tout ce qui est de son âme, songe et fumée. Sa vie est une guerre, un séjour sur une terre étrangère ; sa renommée posthume, un oubli. Qu'est-ce donc qui peut nous guider ? Une seule et unique chose : la philosophie. Et la philosophie consiste en ceci : à veiller à ce que le génie qui est en nous reste sans outrage et sans dommage, et soit au-dessus des plaisirs et des peines ; à ce qu'il ne fasse rien au hasard, ni par mensonge ni par faux-semblant ; à ce qu'il ne s'attache point à ce que les autres font ou ne font pas. Et, en outre, à accepter ce qui arrive et ce qui lui est dévolu, comme venant de là même d'où lui-même est venu. Et surtout, à attendre la mort avec une âme sereine sans y voir autre chose que la dissolution des éléments dont est composé chaque être vivant. Si donc pour ces éléments eux-mêmes, il n'y a rien de redoutable à ce que chacun se transforme continuellement en un autre, pourquoi craindrait-on la transformation de leur ensemble et sa dissolution ? C'est selon la nature ; et rien n'est mal de ce qui se fait selon la nature.

Partie 3

I. — Il ne faut pas seulement considérer que la vie chaque jour se consume et que la part qui reste diminue d'autant. Mais il faut encore considérer ceci : à supposer qu'un homme vive longtemps, il demeure incertain si son intelligence reste pareil et suffira dans la suite à comprendre les questions et à se livrer à cette spéculation qui tend à la connaissance des choses divines et humaines. Si cet homme, en effet, vient à tomber en enfance, il ne cessera ni de respirer, ni de se nourrir, ni de se former des images, ni de se porter à des impulsions, ni d'accomplir toutes les autres opérations du même ordre ; mais la faculté de disposer de soi, de discerner avec exactitude tous nos devoirs, d'analyser les apparences, d'examiner même s'il n'est point déjà temps de sortir de la vie, et de juger de toutes les autres considérations de ce genre qui nécessitent une raison parfaitement bien exercée, cette faculté, dis-je, s'éteint la première. Il faut donc se hâter, non seulement parce qu'à tout moment nous nous rapprochons de la mort, mais encore parce que nous perdons, avant de mourir, la compréhension des questions et le pouvoir d'y prêter attention.

II. — Il faut encore prendre garde à ceci : les accidents mêmes qui s'ajoutent aux productions naturelles ont quelque chose de gracieux et de séduisant. Le pain, par exemple, en cuisant par endroits se fendille et ces fentes ainsi formées et qui se produisent en quelque façon à l'encontre de l'art du boulanger, ont un certain agrément et excitent particulièrement l'appétit. De même, les figues, lorsqu'elles sont tout à fait mûres, s'entrouvrent ; et, dans les olives qui tombent des arbres, le fruit qui va pourrir prend un éclat particulier. Et les épis qui penchent vers la terre, la peau du front du lion, l'écume qui s'échappe de la gueule des sangliers, et beaucoup d'autres choses, si on les envisage isolément, sont loin d'être belles, et pourtant, par le fait qu'elles accompagnent les œuvres de la nature, elles contribuent à les embellir et deviennent attrayantes. Aussi, un homme qui aurait le sentiment et l'intelligence profonde de tout ce qui se passe dans le Tout ne trouverait pour ainsi dire presque rien, même en ce qui arrive par voie de conséquence, qui ne comporte un certain charme particulier. Cet homme ne prendra pas moins de plaisir à voir dans leur réalité les gueules béantes des fauves qu'à considérer toutes les imitations qu'en présentent les peintres et les sculpteurs. Même chez une vieille femme et chez un vieillard, il pourra, avec ses yeux de philosophe, apercevoir une certaine vigueur, une beauté tempestive, tout comme aussi, chez les enfants, le charme attirant de l'amour. De pareilles joies fréquemment se rencontrent, mais elles n'entraînent pas l'assentiment de tous, si ce n'est de celui qui s'est véritablement familiarisé avec la nature et ses productions.

III. — Hippocrate, après avoir guéri bien des maladies, tomba malade lui-même et mourut. Les Chaldéens, qui avaient prédit la mort d'un grand nombre d'hommes, ont été à leur tour saisis par le destin. Alexandre, Pompée, Cafus César, après avoir tant de fois détruit de fond en comble des villes entières et taillé en pièces en bataille rangée de nombreuses myriades de cavaliers et de fantassins, finirent eux aussi par sortir de la vie. Héraclite, après d'aussi savantes recherches sur l'embrasement du monde, l'intérieur rempli d'eau et le corps enduit de bouse, trépassa. La vermine fit mourir Démocrite, et une autre sorte de vermine, Socrate. Qu'est-ce à dire ? Tu t'es embarqué, tu as navigué, tu as accosté : débarque ! Si c'est pour entrer dans une autre vie, là non plus rien n'est vide de Dieux ; mais si c'est pour tomber dans l'insensibilité, tu cesseras d'avoir à supporter les peines et les plaisirs, d'être asservi à une enveloppe d'autant plus vile qu'est noble la partie de ton être qui est en servitude : l'une est intelligence et divinité ; l'autre, terre et sang mêlé de boue.

IV. — N'use point la part de vie qui te reste à te faire des idées sur ce que font les autres, à moins que tu ne vises à quelque intérêt pour la communauté. Car tu te prives ainsi d'une autre tâche, celle, veux-j e dire, que tu négliges en cherchant à te faire une idée de ce que fait tel ou tel, du but qu'il se propose, de ce qu'il dit, de ce qu'il pense, de ce qu'il combine et de toutes les autres préoccupations de ce genre, qui t'étourdissent et t'écartent de l'attention que tu dois à ton principe directeur. Il faut donc éviter d'embrasser, dans l'enchaînement de tes idées, ce qui est aventureux et vain, et beaucoup plus encore ce qui est superflu et pernicieux. Il faut t'habituer à n'avoir que les seules idées à propos desquelles, si on te demandait soudain : « À quoi penses-tu maintenant ? » tu puisses incontinent répondre avec franchise : « À ceci et à cela. » De cette façon, on pourrait voir aussitôt et avec évidence, que tout en toi est simple, bienveillant, digne d'un être sociable, indifférent aux idées de volupté ou, pour tout dire en un mot, de jouissances, insensible encore à la haine, à l'envie, à la défiance et à toute autre passion dont tu rougirais, s'il fallait avouer que ton esprit la possède.

Car un tel homme, qui ne néglige aucun effort pour se placer dès maintenant au rang des meilleurs, est comme un prêtre et un serviteur des Dieux, attaché, aussi au service de celui qui a établi sa demeure en lui, et ce culte préserve l'homme de la souillure des voluptés, le rend invulnérable à toutes les douleurs, inaccessible à toute démesure, insensible à toute méchanceté ; il en fait l'athlète du plus noble combat, de celui qui s'engage pour ne point se laisser abattre par aucune passion ; il l'immerge à fond dans la justice, et lui fait accueillir, de par toute son âme, les événements et tous les lots de son destin. Et jamais, hormis une nécessité impérieuse et d'intérêt commun, il ne cherche à se faire une idée de ce qu'un autre dit, fait ou pense. Il applique son activité aux seules choses qui le concernent, et il pense sans cesse que les choses qui sont de son particulier sont filées avec celles qui constituent le Tout ; il s'acquitte honorablement des premières, et il est convaincu que les secondes sont bonnes, car le destin qui est attribué à chacun, est impliqué dans l'ordre universel et implique cet ordre.

Il se souvient aussi que tous les êtres raisonnables sont parents et qu'aimer tous les hommes est conforme à la nature de l'homme, qu'il ne faut pas tenir compte de l'opinion de la foule, mais de ceux-là seuls qui vivent conformément à la nature. Quant à ceux qui vivent autrement, il se souvient constamment de ce qu'ils sont, chez eux et hors de chez eux, le jour durant comme durant la nuit, et de quelles gens ils font leur entourage. Il ne fait donc aucun cas de l'approbation de tels hommes qui ne savent pas eux-mêmes se contenter par eux-mêmes.

V. — Agis sans mauvais gré, sans mépris de l'intérêt commun, sans irréflexion, sans tirer par côté. Qu'aucune recherche ne pare ta pensée. Parle peu, et ne t'ingère point dans de multiples affaires. En outre, que le Dieu qui est en toi protège un être mâle, vénérable, un citoyen, un Romain, un chef qui s'assigne à lui-même son poste, tel un homme enfin qui attendrait, sans lien qui le retienne, le signal pour sortir de la vie, n'ayant besoin ni de serment ni de personne pour témoin. C'est ainsi qu'on acquiert la sérénité, l'art de se passer de l'assistance d'autrui, l'art de se passer de la tranquillité que les autres procurent. Il faut donc être droit, et non pas redressé.

VI. — Si tu trouves dans la vie humaine un bien qui vaille mieux que la justice, la vérité, la tempérance, le courage et, en un mot, qu'une pensée qui se contente d'elle-même, toutes les fois qu'elle te donne d'agir conformément à la droite raison, et qui se montre satisfaite de son destin dans tout ce que le sort, sans qu'elle ait pu choisir, lui assigne en partage ; si, dis-je, tu vois un bien supérieur, tourne-toi vers lui de toute ton âme et jouis de ce suprême bien que tu découvres.

Mais si rien ne t'apparaît meilleur que le Génie qui en toi a établi sa demeure, qui soumet à son autorité les instincts personnels, qui contrôle les représentations de l'esprit, qui s'est arraché, comme le dit Socrate, aux incitations des sens, qui se soumet aux Dieux et aux hommes s'attache ; si tu trouves tout le reste plus petit et plus vil, ne laisse place en toi à aucune autre chose, car une fois que tu te serais laissé incliner et détourner par elle, tu ne pourrais plus sans relâche honorer plus que tout ce bien qui t'est propre et qui est tien. À ce bien de la raison et de la vie sociale, il ne t'est pas permis d'opposer quoi que ce soit d'une autre nature, telle que les louanges de la multitude, le pouvoir, la richesse et la jouissance des voluptés. Toutes ces choses, même si elles semblent pour quelque temps convenir à notre nature, prévalent soudain et la font dévier. Pour toi donc, dis-je, choisis simplement et librement ce que tu vois de meilleur et persiste en ce choix. — Mais le meilleur, c'est l'utile. — S'il s'agit de l'utile se rapportant à toi comme à un être raisonnable, veille à sa garde ; mais s'il ne se rapporte qu'à ton être animal, déclare-le et, sans orgueil, maintiens ton jugement ; tâche seulement de mener cette enquête en toute sûreté.

VII. — N'estime jamais comme utile à toi-même ce qui t'obligera un jour à transgresser ta foi, à quitter la pudeur, à concevoir de la haine pour quelqu'un, à suspecter, à maudire, à dissimuler, à désirer ce qui a besoin de murs et de tentures. L'homme qui, avant tout, a opté pour sa raison, son Génie et le culte dû à la dignité de ce Génie, ne joue pas la tragédie, ne gémit pas et n'a besoin ni d'isolement ni d'affluence. Suprême liberté : il vivra sans rechercher ni fuir quoi que ce soit. Que son âme reste durant un plus ou moins long intervalle de temps enveloppé dans son corps, il ne s'en fait, de quelque façon que ce soit, aucun souci. S'il fallait, en effet, dès maintenant qu'il s'en aille, il partirait aussi dégagé que pour tout autre de ces besognes susceptibles d'être remplies avec décence et mesure. Le seul souci qu'il a durant sa vie entière est de garder sa pensée de toute façon d'être qui serait impropre à un être raisonnable et sociable.

VIII. — Dans la pensée de l'homme qui s'est réprimé, qui s'est purifiée, tu ne saurais trouver rien de purulent, rien de souillé, rien de suppurant sous la croûte. Le destin ne surprend pas sa vie inachevée, comme on le dirait d'un tragédien qui s'en irait avant d'avoir achevé son rôle et terminé la pièce. Tu n'y verrais non plus rien de servile, rien d'affecté, rien de trop attaché ou de trop détaché, rien de justiciable, ni de dissimulé.

IX. — Vénère la faculté de te faire une opinion. Tout dépend d'elle, pour qu'il n'existe jamais, en ton principe directeur, une opinion qui ne soit pas conforme à la nature et à la constitution d'un être raisonnable. Par elles nous sont promises l'art de ne point se décider promptement, les bons rapports avec les hommes et l'obéissance aux ordres des Dieux.

X. — Rejette donc tout le reste et ne t'attache qu'à ces quelques préceptes. Mais souviens-toi aussi que chacun ne vit que le moment présent, et que ce moment ne dure qu'un instant ; le reste, il a été vécu ou est dans l'incertain. Petit est donc le temps que chacun vit ; petit est le coin de terre où il le vit, et petite aussi, même la plus durable, est la gloire posthume ; elle ne tient qu'à la succession de ces petits hommes qui mourront très vite, sans se connaître eux-mêmes, bien loin de connaître celui qui mourut longtemps avant eux.

XI. — Aux préceptes dont j'ai déjà parlé, qu'un, autre encore soit ajouté : se faire toujours une définition et une description de l'objet dont l'image se présente à l'esprit, afin de le voir distinctement, tel qu'il ait en sa propre essence, à nu, tout entier à travers tous ses aspects, et de se dire en soi-même le nom particulier qu'il a, et les noms des éléments dont il est composé et dans lesquels il se résoudra. Rien, en effet, n'est à ce point capable d'élever l'âme, comme de pouvoir discerner, avec méthode et vérité, chacun des objets rencontrés dans la vie, de toujours les considérer de telle façon qu'on puisse examiner en même temps quelle utilité telle objet fournit et à quel univers, quelle valeur il a par rapport à l'ensemble, et quelle valeur aussi par rapport à l'homme, ce citoyen de la plus éminente cité, dont les autres cités sont comme les maisons. Il faut aussi se demander quel est cet objet, de quels éléments il est composé, combien de temps doit naturellement durer cet objet qui occasionne présentement en moi cette représentation, de quelle vertu ai-je besoin par rapport à lui, de douceur, par exemple, de courage, de bonne foi, de simplicité, de maîtrise de soi, etc. Voilà pourquoi il faut pouvoir se dire en toute occurrence : « Ceci vient de Dieu. — Cela tient au groupement et au fil enroulé des événements, à la rencontre occasionnée par leur suite, et au hasard aussi. — Ceci vient d'un concitoyen, d'un parent, d'un compagnon qui toutefois ignore ce qui est pour lui conforme à la nature. » Mais moi, je ne l'ignore point, et c'est pour cela que je le traite, selon la loi naturelle de la société, avec bienveillance et justice. Néanmoins, je vise en même temps, dans les choses indifférentes, à leur attribuer leur valeur relative.

XII. — Si tu remplis la tâche, présentes en obéissant à la droite raison, avec empressement, énergie, bienveillance et sans y mêler aucune affaire accessoire ; si tu veilles à ce que soit toujours conservé pur ton Génie intérieur, comme s'il te fallait le restituer à l'instant ; si tu rattaches cette obligation au précepte de ne rien attendre et de ne rien éluder ; si tu te contentes, en ta tâche présente, d'agir conformément à la nature, et, en ce que tu dis et ce que tu fais entendre, de parler selon l'héroïque vérité, tu vivras heureux. Et il n'y a personne qui puisse t'en empêcher.

XIII. — Comme les médecins ont toujours sous la main les instruments et les fers nécessaires à donner des soins dans les cas urgents : de même, aie toujours prêts les principes requis pour la connaissance des choses divines et humaines et pour tout accomplir, même l'action la plus insignifiante, en homme qui se souvient de l'enchaînement réciproque de ces deux sortes de choses. Car tu ne saurais bien faire aucune chose humaine, sans la rapporter en même temps aux choses divines, et inversement.

XIV. — Ne t'écarte plus. Tu n'es pas en situation de relire tes Mémoires, ni les gestes antiques des Romains et des Grecs, ni les extraits d'ouvrages que tu réservais pour ta vieillesse. Hâte-toi donc au but ; renonce aux vains espoirs et porte-toi secours, si tu as, tant que c'est possible encore, quelque souci de toi-même.

XV. — On ne sait pas combien d'acceptions ont ces mots : voler, semer, acheter, rester en repos, voir ce qu'il faut faire ; cela ne s'acquiert point avec les yeux, mais par le moyen d'une certaine autre vue.

XVI. — Corps, âme, intelligence. Au corps, les sensations ; à l'âme, les impulsions ; à l'intelligence, les principes. Être impressionné par une représentation appartient même aux brutes ; être mû comme par des fils par les impulsions appartient aux fauves, aux efféminés, à Phalaris et à Néron. Mais avoir l'intelligence pour se guider vers ce qui paraît être de notre devoir, appartient même à ceux qui nient les Dieux, délaissent leur patrie et agissent lorsqu'ils ont clos les portes. Si donc tout le reste est commun aux êtres que j'ai dits, ce qui reste en propre à l'homme de bien est d'aimer et d'accueillir avec satisfaction les accidents fortuits et les événements filés en même temps que son destin, de ne jamais embrouiller ni abasourdir par une foule d'images le Génie intérieur qui réside au fond de sa poitrine, mais de le conserver dans la sérénité, régulièrement soumise à Dieu, sans proférer une parole contraire à la vérité, sans jamais ne rien faire à l'encontre de la justice. Et, même si tous les hommes se refusent à croire qu'il vit avec simplicité, réserve et débonnaireté, il ne s'irrite contre personne, et il ne dévie pas de la route qui mène au terme de la vie, terme qu'il faut atteindre en étant pur, calme, dégagé, et en s'accommodant sans violence à sa destinée.

Partie 4

I. — Le maître intérieur, quand il se conforme à la nature, envisage les événements de telle sorte, qu'il puisse toujours, selon la possibilité qu'il en a, modifier sans peine son attitude envers eux. Il n'a de préférence pour aucune matière déterminée, mais il se porte, après choix, vers ce qu'il croit le meilleur ; et, s'il rencontre un obstacle, il s'en fait une matière, comme le feu lorsqu'il se rend maître des choses qu'on y jette, alors qu'une petite lampe en serait étouffée. Mais un feu ardent a vite fait de s'approprier ce qu'on y ajoute ; il le consume et, de par ce qu'on y jette, il s'élève plus haut.

II. — N'accomplis aucun acte au hasard ni autrement que ne le requiert la règle qui assure la perfection de l'art.

III. — On se cherche des retraites à la campagne, sur les plages, dans les montagnes. Et toi-même, tu as coutume de désirer ardemment ces lieux d'isolement. Mais tout cela est de la plus vulgaire opinion, puisque tu peux, à l'heure que tu veux, te retirer en toi-même. Nulle part, en effet, l'homme ne trouve de plus tranquille et de plus calmes retraites que dans son âme, surtout s'il possède, en son for intérieur, ces notions sur lesquelles il suffit de se pencher pour acquérir aussitôt une quiétude absolue, et par quiétude, je n'entends rien autres qu'un ordre parfait. Accorde-toi donc sans cesse cette retraite, et renouvelle-toi. Mais qu'il s'y trouve aussi de ces maximes concises et fondamentales qui, dès que tu les auras rencontrées, suffiront à te renfermer en toute son âme et à te renvoyer, exempt d'amertume, aux occupations vers lesquelles tu retournes. Contre quoi, en effet, as-tu de l'amertume ? Contre la méchanceté des hommes ? Reporte-toi à ce jugement, que les êtres raisonnables sont nés les uns pour les autres, que se supporter est une partie de la justice, que les hommes pèchent involontairement, que tous ceux qui jusqu'ici se sont brouillés, soupçonnés, haïs, percés de coups de lance, sont allongés, réduit en cendres ! Calme-toi donc enfin. Mais peut-être as-tu de l'amertume contre le lot que l'ensemble t'assigne ? Rappelle-toi le dilemme : Ou une Providence ou des atomes, et par quels arguments il a été prouvé que l'univers est comme une cité. Les choses du corps ont-elles alors fait main mise sur toi ? Considère que la pensée ne se mêle point aux agitations douces ou violentes du souffle vital, une fois qu'elle s'est recouvrée elle-même et qu'elle a reconnu sa propre force ; et enfin, rappelle-toi ce que tu as entendu et admis sur la douleur et sur le plaisir. Mais peut-être sera-ce la gloriole qui te sollicitera ? Jette les yeux sur le très prompt oubli dans lequel tombent toutes choses, sur le gouffre du temps qui, des deux côtés, s'ouvre à l'infini, sur la vanité du retentissement, la versatilité et l'irréflexion de ceux qui paraissent te bénir, l'exiguïté du lieu où la renommée est circonscrite. La terre entière, en effet, n'est qu'un point, et quelle infime parcelle en est habitée !

Et là, combien d'hommes, et quels hommes auront à te louer ! Il reste donc à te souvenir de la retraite que tu peux trouver dans ce petit champ de ton âme. Et, avant tout, ne te tourmente pas, ne te raidis pas ; mais sois libre et regarde les choses en être viriles, en homme, en citoyen, en mortel. Au nombre des plus proches maximes sur lesquelles tu te pencheras, compte ces deux : l'une que les choses n'atteignent point l'âme, mais qu'elles restent confinées au dehors, et que. les troubles ne naissent que de la seule opinion qu'elle s'en fait. L'autre, que toutes ces choses que tu vois seront, dans la mesure où elles ne le sont point encore, transformées et ne seront plus. Et de combien de choses les transformations t'ont déjà eu pour témoin ! Songes-y constamment. « Le monde est changement ; la vie, remplacement. »

IV. — Si l'intelligence nous est commune, la raison qui fait de nous des êtres qui raisonnent nous est commune aussi. Si cela est, la raison, qui commande ce qu'il faut faire ou non, doit être commune. Si cela est, la loi aussi nous est également commune. Si cela est, nous sommes concitoyens. Si cela est, nous participons à une certaine administration commune. Si cela est, le monde entier est comme une cité. Et de quelle autre administration commune pourrait-on dire, en effet, que le genre humain tout entier participe ? C'est de là-haut, de cette cité commune, que nous viennent l'intelligence elle-même, la raison et la loi ; sinon, d'où viendraient-elles ? De même, en effet, que la partie terrestre de mon être a été prélevée sur une certaine terre, la partie humide sur un autre élément, la partie prise à l'air sur une autre source, et la partie constituée par la chaleur et le feu sur une certaine autre source particulière — car rien ne vient de rien, comme rien ne retourne à rien — de même aussi, l'intelligence vient de quelque part.

V. — La mort est, comme la naissance, un mystère de la nature : combinaison dans l'un des mêmes éléments qui se séparent dans l'autre. En somme, rien dont on puisse être déshonoré, car mourir n'est pas contraire à la disposition d'un animal raisonnable ni à la logique de sa constitution.

VI. — De telles choses, par le fait de tels hommes, doivent naturellement se produire ainsi, par nécessité. Ne pas vouloir que cela soit, c'est vouloir que le figuier soit privé de son suc. Bref, souviens-toi de ceci : dans très peu de temps, toi et lui, vous serez morts ; et, bientôt après, rien, pas même votre nom, ne restera.

VII. — Supprime la présomption, tu auras supprimé : « On m'a fait tort ». Supprime : « On m'a fait tort », le tort est supprimé.

VIII. — Ce qui ne rend pas l'homme plus mauvais, ne rend pas non plus sa vie plus mauvaise et ne peut lui nuire, ni au-dehors ni au-dedans.

IX. — La nature de l'utile est d'être contrainte à manifester nécessairement son utilité.

X. — Souviens-toi que tout ce qui arrive arrive justement. Tu le remarqueras, si tu observes avec exactitude. Je ne dis pas seulement : arrive selon la suite, mais encore selon la justice, et comme si quelqu'un assignait à chacun selon son mérite. Continue donc d'observer comme tu as commencé, et, ce que tu fais, fais-le avec cette pensée, la pensée d'être un homme de bien, selon l'idée qui constitue proprement l'homme de bien. Ce principe, conserve-le pour toutes tes actions.

XI. — Ne conçois point les choses telles que les juge celui qui t'offense ou comme il veut que tu les juges. Mais vois-les telles qu'elles sont en réalité.

XII. — Il faut toujours avoir à ta disposition ces deux préceptes ; l'un, de n'accomplir uniquement que ce que t'inspire, dans l'intérêt des hommes, la raison de ton pouvoir royal et législatif. L'autre, de changer de conduite, s'il se trouve quelqu'un pour redresser et modifier ton opinion. Il faut toutefois que ce changement procède toujours d'un certain motif soutenable, de justice, par exemple, ou d'intérêt général et tels doivent être exclusivement les mobiles qui puissent t'y déterminer, et non point ce qui te paraît glorieux ou agréable.

XIII. — As-tu la raison ? — Je l'ai. — Pourquoi donc ne t'en sers-tu pas ? Si elle remplit son rôle, en effet, que veux-tu de plus ?

XIV. — Tu as subsisté comme partie du Tout. Tu disparaîtras dans ce qui t'a produit, ou plutôt, tu seras repris, par transformation, dans sa raison génératrice.

XV. — De nombreux grains d'encens sont jetés sur le même autel ; l'un y est tombé plus tôt, l'autre plus tard, mais c'est sans importance.

XVI. — En moins de dix jours, tu paraîtras un dieu à ceux qui maintenant te regardent comme un fauve ou un singe, pourvu que tu reviennes aux principes et au culte de la raison.

XVII. — N'agis point comme si tu devais vivre des milliers d'années. L'inévitable est sur toi suspendu. Tant que tu vis, tant que cela t'est possible, deviens homme de bien.

XVIII. — Que de loisirs il gagne celui qui ne regarde pas à ce qu'a dit le voisin, à ce qu'il a fait, à ce qu'il a pensé ; mais à ce qu'il fait lui-même, afin que son acte soit juste, saint et absolument bon. Ne jette point les yeux sur les âmes noires ; mais cours droit à la ligne du but, sans te disséminer.

XIX. — Celui qu'exalte la renommée posthume ne se représente pas que chacun de ceux qui se souviendront de lui mourra bientôt lui-même, et qu'ensuite, à son tour, celui qui lui succédera mourra aussi, jusqu'à ce que cette renommée soit éteinte, passant de l'un à l'autre comme des flambeaux qui s'allument et s'éteignent. Suppose même que soient immortels ceux qui se souviendront de toi, et qu'immortelle soit aussi ta mémoire. Que t'en reviens-il ? Et je ne dis pas seulement qu'il n'en revient rien à celui qui est mort ; mais, à celui qui vit, à quoi sert la louange ? À moins que par hasard il n'en fasse un calcul. En attendant, tu négliges inopportunément le don que t'a fait la nature, en tenant compte de toute autre chose que de la raison.

XX. — D'ailleurs, tout ce qui est beau, de quelque façon que ce soit, est beau par lui-même, se termine à lui-même et n'a pas la louange comme partie de lui-même. L'objet qu'on loue n'en devient en conséquence ni pire ni meilleur. Je dis cela même des choses que l'on qualifie communément de belles, comme les objets naturels et les objets fabriqués. Ce qui est essentiellement beau a-t-il besoin d'autre chose ? De rien de plus que la loi, de rien de plus que la vérité, de rien de plus que la bienveillance ou la pudeur. Quelle est celle de ces choses qui est belle parce qu'on la loue, ou qui se corrompt parce qu'on la critique ? L'émeraude perd-elle de sa valeur, si elle n'est pas louangée ? Et l'or, l'ivoire, la pourpre, une lyre, une épée, une fleur, un arbuste ?

XXI. — Si les âmes survivent, comment, depuis l'éternité, l'air suffit-il à les contenir ? Et comment la terre suffit-elle à contenir les corps de ceux qui sont morts depuis la même éternité ? De même qu'ici-bas, en effet, les corps, après avoir séjourné quelque temps dans la terre, se transforment, se dissolvent et font place à d'autres cadavres : de même, les âmes, transportées dans les airs, après s'y être maintenues quelque temps, se transforment, se dispersent et s'enflamment, reprises dans la raison génératrice du Tout, et, de cette façon, font place aux âmes qui viennent y chercher une autre résidence. Voilà ce qu'on pourrait répondre dans l'hypothèse de la survivance des âmes. Et il ne faut pas considérer seulement la foule des corps ensevelis de cette sorte, mais encore celle des animaux que nous mangeons chaque jour et que dévorent aussi les autres animaux. Car quel nombre en est ainsi consommé et enseveli, pour ainsi dire, dans les corps de ceux qui s'en nourrissent ? Et cependant il y a place pour eux, parce qu'ils se convertissent en sang, parce qu'ils se transforment en air ou en feu. Quel est sur ce point le moyen de découvrir la vérité ? La distinction entre la matière et la cause formelle.

XXII. — Ne te laisse point prendre au tourbillon ; mais, dans tout élan, propose-toi-le juste ; et, dans toute représentation, sauvegarde ta faculté de comprendre.

XXIII. — Tout me convient de ce qui te convient, ô Monde ! Rien pour moi n'est prématuré ni tardif, de ce qui est pour toi de temps opportun. Tout est fruit pour moi de ce que produisent tes saisons, ô nature ! Tout vient de toi, tout réside en toi, tout retourne en toi. Quelqu'un a dit : « Chère cité de Cécrops » Et toi, ne diras-tu pas « Chère cité de Zeus ! »

XXIV. — « Embrasse peu d'affaires, a-t-on dit, si tu veux vivre en joie. » Ne serait-il pas mieux de dire « Fais ce qui est nécessaire, et tout ce que prescrit, et comme elle le prescrit, la raison d'un être sociable par nature ? » De cette manière tu obtiendras non seulement la joie qui provient de bien agir, mais celle encore celle qui procède d'embrasser peu d'affaires. En effet, la plupart de nos paroles et de nos actions n'étant pas nécessaires, les supprimer est s'assurer plus de loisir et de tranquillité. Il résulte de là qu'il faut, sur chaque chose, se rappeler à soi-même : « Ne serait-ce point là une de ces choses qui ne sont pas nécessaires ? » Et non seulement il faut supprimer les actions qui ne sont pas nécessaires, mais aussi les idées. De cette façon, en effet, les actes qu'elles pourraient entraîner ne s'ensuivront pas.

XXV. — Essaie de voir comment te réussit la vie de l'homme de bien qui a pour agréable la part qui lui est assignée sur l'ensemble, et qui se contente d'être juste dans sa propre conduite et bienveillant dans sa façon d'être.

XXVI. — Tu as vu cela ? Vois ceci encore. Ne te trouble pas ; fais-toi une âme simple. Quelqu'un pèche-t-il ? Il pèche contre lui-même. Quelque chose t'est-il arrivé ? C'est bien, tout ce qui arrive t'était destiné, dès l'origine, par l'ordre de l'ensemble, et y était tissé. En somme, la vie est courte. Il faut tirer profit du présent, mais judicieusement et selon la justice. Sois sobre à te donner relâche.

XXVII. — Ou un monde ordonné, ou un pêle-mêle entassé, mais sans ordre. Mais se peut-il qu'en toi subsiste un certain ordre et que, dans le Tout, il n'y ait que désordre ; et cela, quand tout est aussi bien combiné, amalgamé, accordé ?

XXVIII. — Sombre caractère, caractère efféminé, sauvage, féroce, brutal, puéril, lâche, déloyal, bouffon, cupide, tyrannique.

XXIX. — Si c'est être étranger au monde que de ne pas connaître ce qui s'y trouve, ce n'est pas être moins étranger aussi que d'ignorer ce qui s'y passe. C'est un exilé, celui qui s'éloigne de la raison sociale ; un aveugle, celui qui tient fermé l'œil de l'intelligence ; un mendiant, celui qui a besoin d'un autre et qui ne tire pas de son propre fonds tout ce qui est expédient à sa vie. C'est un abcès du monde, celui qui se détourne et se met à l'écart de la raison de la commune nature, parce qu'il est mécontent de ce qui lui est survenu, car la même nature, qui amène ce qui survient, est celle aussi qui t'amena. C'est un membre amputé, celui qui retranche son âme particulière de celle des êtres raisonnables, car l'âme est une.

XXX. — Celui-ci, sans tunique, vit en philosophe ; cet autre, sans livre, et cet autre aussi, presque sans vêtements. « Je n'ai pas de pain, dit-il, mais je reste fidèle à la raison. » Et moi, qui ai les ressources que l'étude procure, je ne lui reste point fidèle.

XXXI. — Le petit métier que tu as appris, aime-le et donne-lui tout ton acquiescement. Le reste de ta vie, passe-le en homme qui, de toute son âme, compte sur les Dieux pour tout ce qui le concerne, et qui ne se fait ni le tyran ni l'esclave d'aucun des hommes.

XXXII. — Considère, par exemple, les temps de Vespasien, tu y verras tout ceci : des gens qui se marient, élèvent des enfants, deviennent malades, meurent, font la guerre, célèbrent des fêtes, trafiquent, cultivent la terre, flattent, se montrent arrogants, soupçonneux, conspirent, souhaitent que certains meurent, murmurent contre le présent, aiment, thésaurisent, briguent les consulats, les souverains pouvoirs. Eh bien ! toute la société de ces gens-là n'est plus !

Passe maintenant au temps de Trajan. Ce sont les mêmes occupations, et disparue aussi est cette société. Passe en outre en revue et semblablement les autres documents des temps et des nations entières, et vois combien d'hommes, après avoir tendu toutes leurs forces, sont tombés bien vite et se sont dissous dans les éléments. Surtout, rappelle-toi ceux que tu as connus toi-même et qui, se tiraillant pour rien, négligeaient d'agir conformément à leur propre constitution, de s'y tenir et de s'en contenter. Mais il est nécessaire de se souvenir ici que le soin dont il faut entourer chaque action doit avoir sa propre estimation et sa proportion. Car, de cette façon, tu ne te décourageras point si tu n'as pas consacré aux choses inférieures plus de temps qu'il ne convenait.

XXXIII. — Les mots, usuels autrefois, ne sont plus aujourd'hui que termes de lexique. De même, les noms des hommes, très célèbres autrefois, ne sont plus guère aujourd'hui que termes de lexique : Camille, Céson, Volésus, Léonnatus ; puis, peu après, Scipion et Caton ; puis Auguste ; puis enfin Hadrien et Antonin. Tout cela s'efface sans tarder dans la légende, et bientôt aussi un oubli total l'a enseveli. Et je dis ceci au sujet d'hommes qui ont, en quelque sorte, brillé d'un éclat merveilleux, car les autres, dès qu'ils ont expiré, sont « inconnus, ignorés. Et qu'est-ce donc, somme toute, qu'une éternelle mémoire ? Du vide en somme. À quoi donc faut-il rapporter notre soin ? À ceci seulement : une pensée conforme à la justice, une activité dévouée au bien commun, un langage tel qu'il ne trompe jamais, une disposition à accueillir tout ce qui nous arrive comme étant nécessaire, comme étant attendu, comme découlant du même principe et de la même source.

XXXIV. — Abandonne-toi de bon gré à Clotho, et laisse-la filer avec tout ce qu'elle veut.

XXXV. — Tout est éphémère, et le fait de se souvenir, et l'objet dont on se souvient.

XXXVI. — Considère sans cesse que tout ce qui naît provient d'une transformation, et habitue-toi à penser que la nature universelle n'aime rien autant que de transformer ce qui est pour en former de nouveaux êtres semblables. Tout être, en quelque sorte, est la semence de l'être qui doit sortir de lui. Mais toi, tu ne comprends sous le seul nom de semences, que celles qu'on jette en terre ou dans une matrice : c'est trop être ignorant.

XXXVII. — Tu auras tantôt fini de vivre, et tu n'es encore, ni simple, ni calme, ni affranchi du soupçon que peuvent te nuire les choses du dehors, ni bienveillant pour tous, ni habitué à placer la sagesse dans la seule pratique de la justice.

XXXVIII. — Examine avec attention leurs principes directeurs ; examine les sages, ce qu'ils évitent, et ce qu'ils recherchent.

XXXIX. — Ton mal n'est pas dans le principe qui dirige les autres, ni dans quelques modification et altération de ce qui t'enveloppe. Où est-il donc ? Là où se trouve ce qui en toi sur les maux prononce. Qu'il ne prononce donc pas, et tout est bien ! Quand bien même ton plus proche voisin, le corps, serait découpé, brûlé, purulent, gangrené, que néanmoins la partie qui prononce sur ces accidents garde le calme, c'est-à-dire qu'elle juge n'être, ni un mal ni un bien, ce qui peut tout aussi bien survenir à l'homme méchant qu'à l'homme de bien. Ce qui peut, en effet, tout aussi bien survenir à l'homme qui vit contre la nature qu'à celui qui vit selon la nature n'est ni conforme à la nature ni contraire à la nature.

XL. — Représente-toi sans cesse le monde comme un être unique, ayant une substance unique et une âme unique. Considère comment tout se rapporte à une seule faculté de sentir, à la sienne ; comment tout agit par sa seule impulsion, et comment tout contribue à la cause de tout, et de quelle façon les choses sont tissées et enroulées ensemble.

XLI. — « Tu n'es qu'une âme chétive qui soulève un cadavre », comme disait Epictète.

XLII. — Aucun mal ne survient aux êtres en vole de transformation, comme aucun bien n'arrive à ceux qui naissent d'une transformation.

XLIII. — Le temps est comme un fleuve et un courant violent formé de toutes choses. Aussitôt, en effet, qu'une chose est en vue, elle est entraînée ; une autre est-elle apportée, celle-là aussi va être emportée.

XLIV. — Tout ce qui arrive est aussi habituel et prévu que la rose au printemps et les fruits en été ; il en est ainsi de la maladie, de la mort, de la calomnie, des embûches et de tout ce qui réjouit ou afflige les sots.

XLV. — Tout ce qui vient à la suite est toujours de la famille de ce qui vient avant ; car, en effet, il n'en est pas ici comme d'une série de nombres ayant séparément et respectivement leur contenu nécessaire, mais c'est une continuité logique. Et, de même que sont harmonieusement ordonnées les choses qui sont, les choses qui naissent manifestent, non une simple succession, mais un admirable apparentement.

XLVI. — Constamment se souvenir de cette pensée d'Héraclite : « La mort de la terre est de devenir eau, la mort de l'eau est de devenir air, et la mort de l'air, de se changer en leu, et inversement. » Se souvenir aussi « de l'homme qui oublie où le chemin conduit ».

Et de ceci encore : « Que les hommes, dans le commerce qu'ils entretiennent continuellement avec la raison qui gouverne le Tout, ne s'accordent pas toujours avec elle, et qu'ils regardent comme étrangers les événements qui chaque jour leur arrivent. » Et, en outre : « qu'il ne faut ni agir ni parler comme en dormant », car il nous semble alors que nous agissons aussi et que nous parlons, « ni comme des fils de menuisiers », c'est-à-dire par routine et comme nous l'avons appris.

XLVII. — Si l'un des Dieux te disait : « Tu mourras demain ou, en tout cas, après-demain », tu n'attacherais plus une grande importance à ce que ce soit dans deux jours plutôt que demain, à moins d'être le dernier des rustres, car qu'est-ce que ce délai ? De même, ne crois pas que mourir dans beaucoup d'années plutôt que demain, soit de grande importance.

XLVIII. — Considère sans cesse combien de médecins sont morts, après avoir tant de fois froncé les sourcils sur les malades ; combien d'astrologues, après avoir prédit, comme un grand événement, la mort d'autres hommes ; combien de philosophes, après s'être obstinés à discourir indéfiniment sur la mort et l'immortalité ; combien de chefs, après avoir fait périr tant de gens ; combien de tyrans, après avoir usé avec une cruelle arrogance, comme s'ils eussent été immortels, de leur pouvoir de vie et de mort ; combien de villes, pour ainsi dire, sont mortes tout entières : Hélice, Pompéi, Herculanum, et d'autres innombrables ! Ajoutes-y aussi tous ceux que tu as vus toi-même mourir l'un après l'autre. Celui-ci rendit les derniers devoirs à cet autre, puis fut lui-même exposé par un autre, qui le fut à son tour, et tout cela, en peu de temps !

En un mot, toujours considérer les choses humaines comme éphémères et sans valeur : hier, un peu de glaire ; demain, momie ou cendre. En conséquence, passer cet infime moment de la durée conformément à la nature, finir avec sérénité, comme une olive qui, parvenue à maturité, tomberait en bénissant la terre qui l'a portée, et en rendant grâces à l'arbre qui l'a produite.

XLIX. Ressembler au promontoire contre lequel incessamment se brisent les flots. Eux, restent debout et, autour de lui, viennent s'assoupir les gonflements de l'onde. « Malheureux que je suis, parce que telle chose m'est arrivée ! » Mais non, au contraire : « Bienheureux que je suis, puisque telle chose m'étant arrivée, je persiste à être exempt de chagrin, sans être brisé par le présent ni effrayé par ce qui doit venir. » Chose pareille, en effet, aurait pu survenir à n'importe qui ; mais n'importe qui n'aurait point su persister de ce fait à être exempt de chagrin. Pourquoi donc cet accident serait-il un malheur, plutôt que cet autre un bonheur.

Appelles-tu, somme toute, revers pour un homme, ce qui n'est pas un revers pour la nature de l'homme ? Et cela te paraît-il être un revers pour la nature de l'homme, ce qui n'est pas contraire à l'intention de sa nature ? Eh quoi ! cette intention tu la connais. Cet accident t'empêche-t-il d'être juste, magnanime, sage, circonspect, pondéré, véridique, réservé, libre, et cætera, toutes vertus dont la réunion fait que la nature de l'homme recueille les biens qui lui sont propres ? Souviens-toi d'ailleurs, en tout événement qui te porte au chagrin, d'user de ce principe : ceci n'est pas un revers, mais c'est un bonheur que de noblement le supporter.

L. — Secours vulgaire, mais tout de même efficace, pour atteindre au mépris de la mort, que de se rappeler ceux qui ont voulu s'attacher opiniâtrement à la vie. Qu'ont-ils de plus que ceux qui sont morts avant l'heure ? De toute façon, ils gisent enfin quelque part Cadicianus, Fabius, Julianus, Lépidus, et tous leurs pareils, qui, après avoir conduit bien des gens au tombeau, ont fini par y être conduits. En somme, l'intervalle est petit, et à travers quelles épreuves, avec quels compagnons et dans quel corps faut-il le passer. Ne t'en fais donc pas un souci. Regarde derrière toi l'infinité de la durée ; et, devant toi, un autre infini. Dans cette immensité, en quoi diffèrent celui qui a vécu trois jours et celui qui a duré trois fois l'âge du Gérénien ?

LI. — Va toujours par le chemin le plus court, et le plus court est celui qui va selon la nature. Voilà pourquoi il faut agir et parler en tout de la façon la plus naturelle. Une telle ligne de conduite te délivrera de l'emphase, de l'exagération et du style figuré et artificiel.

Partie 5

I. — Au petit jour, lorsqu'il t'en coûte de t'éveiller, aie cette pensée à ta disposition : c'est pour faire œuvre d'homme que je m'éveille. Serai-je donc encore de méchante humeur, si je vais faire ce pour quoi je suis né, et ce en vue de quoi j'ai été mis dans le monde ? Ou bien, ai-je été formé pour rester couché et me tenir au chaud sous mes couvertures ?

— Mais c'est plus agréable !

— Es-tu donc né pour te donner de l'agrément ? Et, somme toute, es-tu fait pour la passivité ou pour l'activité ? Ne vois-tu pas que les arbustes, les moineaux, les fourmis, les araignées, les abeilles remplissent leur tâche respective et contribuent pour leur part à l'ordre du monde ? Et toi, après cela, tu ne veux pas faire ce qui convient à l'homme ? Tu ne cours point à la tâche qui est conforme à la nature ?

— Mais il faut aussi se reposer.

— Il le faut, j'en conviens. La nature cependant a mis des bornes à ce besoin, comme elle en a mis au manger et au boire. Mais toi pourtant, ne dépasses-tu pas ces bornes, et ne vas-tu pas au-delà du nécessaire ? Dans tes actions, il n'en est plus ainsi, mais tu restes en deçà du possible. C'est qu'en effet, tu ne t'aimes point toi-même, puisque tu aimerais alors, et ta nature et sa volonté. Les autres, qui aiment leur métier, s'épuisent aux travaux qu'il exige, oubliant bains et repas. Toi, estimes-tu moins ta nature que le ciseleur la ciselure, le danseur la danse, l'avare l'argent, et le vaniteux la gloriole ? Ceux-ci, lorsqu'ils sont en goût pour ce qui les intéresse, ne veulent ni manger ni dormir avant d'avoir avancé l'ouvrage auquel ils s'adonnent. Pour toi, les actions utiles au bien commun, te paraissent-elles d'un moindre prix, et dignes d'un moindre zèle ?

II. — Qu'il est aisé de repousser et d'abandonner toute pensée déplaisante ou impropre, et d'être aussitôt dans un calme parfait !

III. — Juge-toi digne de toute parole et de toute action conformes à la nature. Ne te laisse détourner, ni par la critique des uns ni par les propos qui peuvent en résulter. Mais, s'il est bien d'agir ou de parler, ne t'en juge pas indigne. Les autres ont leur principe particulier de direction et ont affaire à leur instinct particulier. Quant à toi, ne t'en inquiète pas ; mais poursuis droit ton chemin, en te laissant conduire par ta propre nature et la nature universelle : toutes deux suivent une unique voie.

IV. — J'avance sur la voie conforme à la nature jusqu'à ce que je tombe et trouve le repos, expirant dans cet air que chaque jour j'aspire, tombant sur cette terre d'où mon père a tiré sa semence, ma mère son sang, ma nourrice son lait, d'où chaque jour, depuis tant d'années, je tiens nourriture et boisson, qui me porte tandis que je marche, et que d'elle je profite de tant de façons.

V. — On n'a pas lieu d'admirer ton acuité d'esprit. Soit. Mais il est bien d'autres qualités dont tu ne peux pas dire : « Je n'ai pour elles aucune disposition naturelle. » Acquiers-les donc, puisqu'elles dépendent entièrement de toi : sincérité, gravité, endurance, continence, résignation, modération, bienveillance, liberté, simplicité, austérité, magnanimité. Ne sens-tu pas combien, dès maintenant, tu pourrais acquérir de ces qualités, pour lesquelles tu n'as aucune incapacité naturelle, aucun défaut justifié d'aptitude ? Et cependant tu restes encore de plein gré au-dessous du possible. À murmurer, lésiner, flatter, incriminer ton corps, chercher à plaire, te conduire en étourdi et livrer ton âme à toutes ces agitations est-ce le manque de dispositions naturelles qui t'y oblige ? Non, par les Dieux l et, depuis longtemps, tu aurais pu te délivrer de ces défauts, et seulement, si c'est vrai, te laisser accuser de cette trop grande lenteur et de cette trop pénible difficulté à comprendre. Mais, sur ce point même, il faut t'exercer, et ne point traiter par le mépris cette lourdeur, ni t'y complaire.

VI. — Celui-ci, lorsqu'il a favorablement obligé quelqu'un, est tout prêt à lui porter en compte ce bienfait. Celui-là n'est pas prêt à se comporter ainsi, mais toutefois il considère, à part lui, son obligé comme son débiteur, et il sait ce qu'il a fait. Cet autre ne sait plus, dans une certaine mesure, ce qu'il a fait ; mais il est semblable à la vigne qui porte du raisin et ne demande rien autre une fois qu'elle a produit son fruit particulier, semblable au cheval qui a couru, au chien qui a chassé, à l'abeille qui a fait son miel. Cet homme, en obligeant quelqu'un, ne cherche pas à en tirer profit, mais il passe à un autre bienfait, comme la vigne qui, la saison venue, produit à nouveau du raisin.

— Il faut donc être de ceux qui agissent, dans une certaine mesure, sans s'en rendre compte ?

— Oui.

— Mais il faut pourtant s'en rendre compte, car c'est le propre, dit-on, d'un être sociable, de sentir qu'il agit pour l'intérêt social, et de vouloir, par Zeus, que son obligé le sente aussi.

— Ce que tu dis est vrai, mais tu interprètes mal ce que je viens de dire. Tu compteras pour cette raison au nombre de ceux dont précédemment je parlais, car ils se laissent, eux aussi, égarer par une certaine vraisemblance logique. Mais si tu veux comprendre ce que j'ai dit, ne crains pas d'être pour cela détourné de quelque action utile au bien commun.

VII. — Prière des Athéniens : « Fais pleuvoir, fais pleuvoir, ô bon Zeus ! sur les champs et les plaines des Athéniens ! » Ou il ne faut point prier, ou il faut ainsi prier, simplement, noblement.

VIII. — Comme on dit : « Asclépios a ordonné à un tel de monter à cheval, de prendre des bains froids et de marcher pieds nus » ; de même, on peut dire aussi « La nature universelle a ordonné à un tel d'être malade, de perdre un membre, d'être privé d'un organe ou d'être affligé d'une autre épreuve analogue. » Dans le premier cas, « a ordonné » signifie ceci : Asclépios a prescrit à un tel ce traitement comme correspondant à sa santé ; dans le second cas : ce qui arrive à chacun lui a été en quelque sorte prescrit comme correspondant à sa destinée. Tout comme, en effet, nous disons encore que ce qui nous arrive s'harmonise avec nous ; les maçons, de même, disent des pierres taillées qui entrent dans les murs et dans les pyramides, qu'elles s'harmonisent, lorsqu'elles s'ajustent les unes avec les autres dans un certain arrangement.

Car, somme toute, il n'y a qu'une unique harmonie ; et, de même que le monde, ce si grand corps, se parfait de tous les corps, de même la Destinée, cette si grande cause, se parfait de toutes les causes. Ce que je dis là, les plus ignorants le conçoivent, car ils disent : « La Destinée lui apportait cela. » Cela donc lui était apporté, et cela lui correspondait. Recevons donc ce qui nous arrive comme nous recevons ce qu'ordonne Asclépios. Bien des choses certes, dans tout ce qu'il ordonne, sont désagréables ; mais nous les accueillons avec empressement dans l'espérance de la santé. Regarde l'achèvement et la réalisation de ce qui a paru bon à la nature universelle, comme tu regardes ta propre santé.

Accueille aussi avec autant d'empressement tout ce qui t'arrive, même si tu le trouves trop dur, dans la pensée que par là tu travailles à la santé du monde, à la bonne marche et au bonheur de Zeus. Il n'eût pas, en effet, apporté cet événement à cet homme, si cet apport n'eût pas en même temps importé au Tout, et la nature, telle qu'elle est, n'apporte rien qui ne soit pas correspondant à l'individu qui est régi par elle.

Il faut donc aimer pour deux raisons ce qui t'arrive. L'une parce que cela était fait pour toi, te correspondait, et survenait en quelque sorte à toi, d'en haut, de la chaîne des plus antiques causes. L'autre, parce que ce qui arrive à chaque être en particulier contribue à la bonne marche, à la perfection et, par Zeus ! à la persistance même de celui qui gouverne la nature universelle. L'univers, en effet, se trouverait mutilé, si tu retranchais quoi que ce soit à la connexion et à la consistance de ses parties, tout comme de ses causes.

Or, tu romps cet enchaînement, autant que tu le peux, lorsque tu es mécontent de ce qui t'arrive et que, dans une certaine mesure, tu le détruis.

IX. — Ne te rebute pas, ne te dégoûte pas, ne te consterne pas, si tu ne parviens pas fréquemment à agir en chaque chose conformément aux principes requis. Mais, lorsque tu en es empêché, reviens à la charge et sois satisfait, si tu agis le plus souvent en homme. Aime ce à quoi tu retournes et ne reviens pas vers la philosophie comme vers un maître d'école, mais comme ceux qui ont mal aux yeux retournent à la petite éponge et à l'œuf ; comme un autre malade, au cataplasme, et comme tel autre, à la compresse humide. En agissant ainsi, tu ne feras point parade de ton obéissance à la raison, mais auprès d'elle tu trouveras le calme. Souviens-toi aussi que la philosophie ne veut pas autre chose que ce que veut la nature, alors que toi, tu voulais quelque chose qui n'était pas conforme à la nature. Et, de ces deux choses, quelle est celle, en effet, qui est la plus apaisante ?

— N'est-ce point, par l'attrait même de cet apaisement, que le plaisir nous égare ?

— Mais examine donc s'il n'y a pas plus d'apaisement dans la grandeur d'âme, la liberté, la simplicité, la bienveillance, la sainteté ? Quant à la sagesse, qu'y a-t-il de plus apaisant, si tu considères la stabilité et la prospérité qui proviennent en toutes tes actions de cette faculté d'intelligence et de science ?

X. — Les choses sont, sous un certain aspect, dans une telle obscurité, que des philosophes, et non des moindres, ont opiné qu'elles étaient absolument insaisissables. Les stoïciens eux-mêmes les ont jugées difficiles à saisir. Tout assentiment que nous leur donnons est modifiable, car où est l'homme qui ne se modifie pas ? Passe maintenant aux objets immédiats : comme ils sont peu durables, communs, et susceptibles de tomber en possession d'un débauché, d'une courtisane, d'un brigand ! Passe ensuite au caractère de tes compagnons : même le plus aimable d'entre eux est difficilement supportable, pour ne pas dire qu'il ne peut aussi que difficilement se supporter lui-même ! Dans une telle obscurité, dans cette fange, dans un pareil écoulement de la substance et du temps, du mouvement et des choses mues, qu'y a-t-il donc qui puisse être estimé ou qui soit susceptible d'un intérêt absolu ? Je ne le conçois même pas. Face à cette occurrence, il faut alors s'exhorter soi-même à attendre la dissolution naturelle et à ne pas s'irriter de son retard, mais trouver apaisement en ces deux seules pensées : l'une, que rien ne m'arrivera qui n'est conforme à la nature du tout ; l'autre, qu'il est en mon pouvoir de ne rien faire à l'encontre de mon Dieu et de mon Génie. Nul, en effet, ne peut me contraindre à leur désobéir.

XI. — À quoi donc en ce moment fais-je servir mon âme ? En toute occasion, me poser cette question à moi-même et me demander : « Qu'y a-t-il à cette heure dans cette partie de moi-même, qu'on appelle principe directeur, et de qui ai-je l'âme en cet instant ? N'est-ce pas celle d'un enfant, d'un jeune homme, d'une femmelette, d'un tyran, d'une tête de bétail, d'un fauve ?»

XII. — Qu'elle soit la nature de ce que le vulgaire prend pour des biens, tu peux par ceci t'en rendre compte. Si un homme conçoit certaines choses données comme étant de vrais biens, par exemple, la sagesse, la tempérance, le courage, une fois qu'il les aura ainsi conçues, il ne pourra plus entendre ce vers : « Il a tant de choses... » Ce trait sonnerait faux. Mais s'il conçoit comme biens ce que la foule regarde comme tel, il pourra entendre et facilement accepter, comme dit à propos, ce mot du comique. La foule aussi se fait la même idée de cette différence. Dans le premier cas, en effet, ce vers la choquerait et en serait rejeté, tandis que, s'il s'agit de la richesse et des heureux avantages qui assurent une vie luxueuse ou la célébrité, nous l'admettons comme exact et bien dit. Poursuis donc et demande-toi, s'il faut estimer et envisager comme des biens, ces choses qui, si on les considérait proprement, amèneraient leur possesseur à un tel état de magnificence « qu'il ne saurait plus où aller à la selle ! »

XIII. — Je suis composé d'une cause formelle et de matière. Ni l'un ni l'autre de ces éléments ne s'anéantira dans le non-être, tout comme ni l'un ni l'autre n'est venu du non-être. Ainsi donc, chaque partie de mon être sera répartie, par transformation, en quelque autre partie du monde, et ainsi de suite, jusqu'à l'infini. C'est par suite d'une telle transformation que je subsiste moi-même, ainsi que mes parents, en remontant vers l'autre infini. Rien, en effet, ne m'empêche de parler ainsi, même si le monde est régi par des périodes à terme définies.

XIV. — La raison et la logique sont des facultés qui se suffisent à elles-mêmes, et aux opérations qui en relèvent. Elles partent d'un point de départ qui leur est propre, et elles marchent tout droit vers le but qui leur est proposé. Voilà pourquoi les activités de ce genre se dénomment « actions droites », signifiant par un mot la rectitude de leur voie.

XV. — Il ne faut pas que l'homme ne vise à l'observance d'aucune de ces choses qui n'appartiennent point à l'homme en tant qu'homme. Elles ne sont pas exigées de l'homme ; la nature de l'homme ne les commande pas, et elles ne sont point l'accomplissement de la nature humaine. La fin de l'homme ne se trouve donc pas en elles, ni le couronnement de cette fin, qui est le bien. De plus, si l'une de ces choses convenait à l'homme, il ne lui appartiendrait ni de la dédaigner ni de se tenir en garde à son encontre ; il ne serait pas digne d'être loué l'homme qui prétendrait n'en avoir pas besoin, et celui qui se priverait de l'une ou l'autre d'entre elles ne serait pas homme de bien, si toutefois c'étaient là des biens. Dans ces conditions, plus on se dépouille de ces et choses et d'autres semblables, plus on supporte d'en être dépouillé, et plus on est homme de bien.

XVI. — Telles que sont le plus souvent tes pensées, telle sera ton intelligence, car l'âme se colore par l'effet des pensées. Colore-la donc par une attention continue à des pensées comme celles-ci : là où il est possible de vivre, il est aussi là possible de bien vivre. Or, on peut vivre à la cour ; donc à la cour on peut aussi bien vivre. — Pense, en outre, que chaque être est porté vers le but pour lequel et en raison duquel il a été formé, que c'est dans le but auquel il est porté que réside sa fin, et que, là où est la fin, là est aussi l'intérêt et le bien de chacun. Or, le bien d'un être raisonnable est de vivre en société. Que nous soyons faits pour vivre en société, cela a été depuis longtemps démontré. N'est-il pas d'ailleurs évident que les êtres inférieurs sont faits en vue des supérieurs, et les supérieurs les uns pour les autres. Or, les êtres animés sont supérieurs aux êtres inanimés, et les êtres raisonnables aux êtres animés.

XVII. -Poursuivre l'impossible est d'un fou. Or, il est impossible que les méchants ne commettent point quelques méchancetés.

XVIII. — Il n'arrive à personne rien qu'il ne soit naturellement à même de supporter. Les mêmes accidents arrivent à un autre et, soit qu'il ignore qu'ils sont arrivés, soit étalage de magnanimité, il reste calme et demeure indompté. Étrange chose, que l'ignorance et la suffisance soient plus fortes que la sagesse !

XIX. — Les choses elles-mêmes ne touchent notre âme en aucune manière ; elles n'ont pas d'accès dans l'âme ; elles ne peuvent ni modifier notre âme ni la mettre en mouvement. Elle seule se modifie et se met en mouvement, et les accidents sont pour elle ce que les font les jugements qu'elle estime dignes d'elle-même.

XX. — Sous un certain rapport, l'homme est l'être qui nous est le plus apparenté : en tant que nous devons faire du bien aux autres et les supporter. Mais en tant que certains d'entre eux font obstacle aux activités qui me sont propres, l'homme devient pour moi un des objets qui me sont indifférents, non moins que le soleil, le vent ou une bête fauve. Ceux-ci peuvent bien entraver quelqu'une de mes activités, mais mon élan spontané et ma disposition ne peuvent être entravés, parce que je puis choisir entre mes actes et renverser l'obstacle. L'intelligence, en effet, pour tendre au but qui la guide, renverse et déplace tout obstacle à son activité, et ce qui suspendait cette action devient action, et route ce qui barrait cette route.

XXI. — Honore ce qu'il y a de plus puissant dans le monde : c'est ce qui tire parti de tout et qui gouverne tout. De même, honore aussi ce qu'il y a en toi de plus puissant, et ceci est de même nature que cela, car c'est ce qui en toi met à profit tout le reste et dirige ta vie.

XXII. — Ce qui ne lèse point la cité ne lèse pas non plus le citoyen. Toutes les fois que tu te figures qu'on t'a lésé, applique cette règle : si la cité n'est pas lésée, je ne suis pas non plus lésé. Mais si la cité est lésée, il ne faut pas s'indigner contre celui qui la lèse, mais lui signaler la négligence commise.

XXIII. — Médite fréquemment la rapidité avec laquelle passent et se dissipent les êtres et les événements. La substance est, en effet, comme un fleuve, en perpétuel écoulement ; les forces sont soumises à de continuelles transformations, et les causes formelles à des milliers de modifications. Presque rien n'est stable, et voici, tout près, le gouffre infini du passé et de l'avenir, où tout s'évanouit. Comment ne serait-il pas fou, celui qui s'enfle d'orgueil parmi ce tourbillon, se tourmente ou se plaint, comme si quelque chose, pendant quelque temps et même longtemps, pouvait le troubler ?

XXIV. — Souviens-toi de la substance totale, dont tu participes pour une minime part ; de la durée totale, dont un court et infime intervalle t'a été assigné ; de la destinée, dont tu es quelle faible part!

XXV. — Un autre commet-il une faute contre moi ? C'est son affaire. Il a sa disposition propre, son activité propre. Pour moi, j'ai en ce moment ce que la commune nature veut que j'aie à ce moment, et je fais ce que ma nature exige qu'à ce moment je fasse.

XXVI. — Que le principe directeur et souverain de ton âme reste indifférent au mouvement qui se fait, doux ou violent, dans ta chair ; qu'il ne s'y mêle pas, mais qu'il se délimite lui-même et relègue ces sensations dans les membres. Mais, lorsqu'elles se propagent, par l'effet de la sympathie qui les relie l'un à l'autre, dans la pensée comme dans le corps qui lui est uni, il ne faut pas alors essayer de résister à la sensation, qui est naturelle, mais éviter que le principe directeur n'ajoute de lui-même cette présomption, qu'il y a là bien ou mal.

XXVII. — Vivre avec les Dieux. Il vit avec les Dieux celui qui constamment leur montre une âme satisfaite des lots qui lui ont été assignés, docile à tout ce que veut le Génie que, parcelle de lui-même, Zeus a donné à chacun comme chef et comme guide. Et ce Génie, c'est l'intelligence et la raison de chacun.

XXVIII. — T'emportes-tu contre celui qui sent le bouc ? T'emportes-tu contre celui qui a l'haleine forte ? Que veux-tu qu'il y fasse ? Il a cette bouche ; il a ces aisselles, et il est inévitable que de telles dispositions fassent naître de telles exhalaisons.

— Mais l'homme, dit-on, possède la raison, et il peut, en y réfléchissant, parvenir à comprendre en quoi il est défectueux.

— Bonne réponse ! Ainsi donc, toi aussi, tu possèdes la raison. Provoque alors par ta disposition raisonnable sa disposition raisonnable ; fais-le comprendre ; avertis-le. S'il entend, tu le guériras. Nul besoin de colère. Ni tragédien ni courtisane.

XXIX. — La vie que tu projettes de vivre une fois sortie d'ici-bas, tu peux ici même la vivre. Si toute liberté ne t'en est point laissée, sors alors de la vie, mais toutefois en homme qui n'en souffre aucun mal. « De la fumée… et je m'en vais ! » Pourquoi considérer ceci comme une affaire ? Mais tant que rien de pareil ne me chasse, je reste libre et rien ne m'empêche de faire ce que je veux. Or, je veux ce qui est conforme à la nature d'un être raisonnable et sociable.

XXX. — L'intelligence universelle est sociable. Aussi a-t-elle créé les êtres inférieurs en vue des êtres supérieurs, et les êtres supérieurs, elle les a groupés en les accordant les uns avec les autres. Vois comment elle a tout subordonné, coordonnée, répartie à chacun selon sa valeur, et organisé les êtres les meilleurs pour vivre les uns avec les autres dans la concorde !

XXXI. — Comment t'es-tu jusqu'à ce jour comporté avec les Dieux, avec tes parents, tes frères, ta femme, tes enfants, tes maîtres, tes gouverneurs, tes amis, tes familiers, tes serviteurs ? T'es-tu envers tous conduit jusqu'à ce jour selon ce principe : « Ne faire de mal à personne et n'en point dire. » Rappelle-toi aussi par où tu as passé et ce qu'il t'a été possible d'endurer ; que l'histoire de ta vie est désormais finie, et ta mission remplie ; combien de beaux exemples tu as montré ; combien de plaisirs et de douleurs tu as supporté ; combien d'honneurs tu as négligés ; envers combien d'ingrats tu as été bienveillant !

XXXII. — Pourquoi des âmes incultes et ignorantes troublent-elles une âme instruite et cultivée ?

— Qu'est-ce donc qu'une âme instruite et cultivée ? C'est celle qui connaît le principe et la fin, et la raison qui se répand à travers l'universelle substance et qui, de toute éternité, organise le Tout, conformément à des périodes définies.

XXXIII. — Bientôt, tu ne seras plus que cendre ou squelette, un nom et pas même un nom ; et le nom n'est qu'un bruit, un écho. Les choses qui, dans la vie, sont les plus estimées ne sont que vide, pourriture, insignifiance, roquets qui se mordent, enfants qui se chamaillent, qui rient, et qui pleurent aussitôt après. Quant à la bonne foi, la pudeur, la justice et la sincérité, elles s'en sont allées « vers l'Olympe, loin de la terre aux larges routes ». Qu'y a-t-il donc encore qui te retient ici-bas, si les objets qui tombent sous les sens sont changeants et sans consistance, si les sens sont aveugles et susceptibles de fausses impressions, si le souffle lui-même n'est qu'une vapeur du sang, et si la gloire n'est, de la part de tels hommes, que vanité ? Que faire alors ? Tu attendras avec sérénité, ou de t'éteindre, ou d'être déplacé. Jusqu'à ce que l'occasion s'en présente, que suffit-il de faire ? Quoi d'autre que d'honorer et de bénir les Dieux, de faire du bien aux hommes, de les supporter et de ne pas les prendre en aversion. Et aussi de te souvenir que tout ce que tu vois à portée de ta chair et de ton faible souffle n'est ni à toi ni dépendant de toi.

XXXIV. — Tu peux toujours donner un cours régulier à ta vie, puisque tu peux aussi suivre le droit chemin et que tu peux encore concevoir et agir selon le droit chemin. Voici deux possibilités communes à l'âme de Dieu, de l'homme et de tout être raisonnable : ne pouvoir être entravé par un autre, placer son bien dans une disposition et une façon d'agir conformes à la justice, et reposer là son désir.

XXXV. — Si cela n'est ni méchanceté personnelle ni conséquence de ma méchanceté ni nuisible à la communauté, pourquoi m'en affecter ? Et quel tort peut-on faire à la communauté ?

XXXVI. — Ne te laisse pas entraîner tout entier par l'imagination, mais porte secours aux hommes selon ton pouvoir et suivant leur mérite ; et, s'ils ont été lésés en des choses ordinaires, ne t'imagine pas que c'est un malheur, car on a cette mauvaise habitude. Mais, comme le vieillard qui, en s'en allant, demandait la toupie de son élève, tout en se rendant compte que ce n'était qu'une toupie ; toi aussi, fais de même en l'occurrence présente...

— O homme ! as-tu oublié ce que c'était ?

— Oui ; mais ces gens y ont tant d'intérêt !

— Est-ce une raison pour que tu sois aussi fou ? Je fus autrefois, en quelque lieu qu'on ait pu me surprendre, un homme heureux.

— Mais l'homme heureux, c'est celui qui s'est attribué à lui-même un bon lot, et un bon lot, ce sont de bonnes orientations d'âme, de bonnes tendances, de bonnes actions.

Partie 6

I. — La substance du Tout est docile et plastique. La raison qui la règle n'a en elle-même aucun motif de mal faire, car elle n'a rien de mauvais, ne fait aucun mal et ne cause aucun dommage à rien. Tout naît et s'achève par elle.

II. — Qu'il ne t'importe pas si tu as froid ou chaud en faisant ton devoir, si tu as besoin de t'assoupir ou si tu as suffisamment dormi, si tu t'entends blâmer ou louanger, si tu meurs, ou si tu fais quelque autre chose. C'est, en effet, une des actions de ta vie que le fait de mourir. Il suffit donc, pour cet acte aussi, de bien faire ce qu'on fait dans le moment présent.

III. — Regarde au fond des choses. Que la qualité particulière et la valeur d'aucunes ne passent pas inaperçues pour toi.

IV. — Tous les objets qui tombent sous les yeux bien vite se transforment : ou bien, ils se dissiperont comme un encens brûlé, si la substance est une ; ou bien, ils se disperseront

V. — La raison qui gouverne sait comment elle est constituée, ce qu'elle fait et sur quelle matière.

VI. — Le meilleur moyen de t'en défendre est de ne pas leur ressembler.

VII. — Ne mets ton plaisir et ton acquiescement qu'en une seule chose : passer d'une action utile à la communauté à une action utile à la communauté, en pensant à Dieu.

VIII. — Le principe directeur est ce qui s'éveille de soi-même, se dirige et se façonne soi-même tel qu'il veut, et fait que tout événement lui apparaît tel qu'il veut.

IX. — Tout s'accomplit selon la nature du Tout, et non selon quelque autre nature qui envelopperait le monde par le dehors, qui serait aux dedans enveloppés par lui, ou qui serait à part et distincte.

X. — Ou bien chaos, enchevêtrement, dispersion ; ou bien union, ordre, Providence. Dans le premier cas, pourquoi désirerais-je prolonger mon séjour dans ce pêle-mêle fortuit et dans un tel gâchis ? Qu'ai-je alors à me soucier d'autre chose que de savoir comment « devenir terre un jour ». Et pourquoi me troubler ? La dispersion m'atteindra, quoi que je fasse. Mais, dans l'autre cas, je vénère celui qui gouverne, je m'affermis et me repose en lui.

XI. — Lorsque la contrainte des circonstances t'a comme bouleversé, rentre au plus tôt en toi-même, et ne t'écarte pas plus longtemps qu'il ne faut de la mesure, car tu seras d'autant plus maître de son accordement que tu y reviendras plus fréquemment.

XII. — Si tu avais en même temps une marâtre et une mère, tu aurais des soins pour la première, mais c'est pourtant vers ta mère que tu ferais un retour assidu. Il en est de même en ce moment pour toi, de la cour et de la philosophie. Reviens souvent à celle-ci et repose-toi en elle, car c'est par elle que les tracas de celle-là te semblent supportables, et que tu deviens toi-même parmi eux supportable.

XIII. — De même que l'on peut se faire une représentation de ce que sont les mets et les autres aliments de ce genre, en se disant : ceci est le cadavre d'un poisson ; cela, le cadavre d'un oiseau ou d'un porc ; et encore, en disant du Falerne, qu'il est le jus d'un grappillon ; de la robe prétexte, qu'elle est du poil de brebis trempé dans le sang d'un coquillage ; de l'accouplement, qu'il est le frottement d'un boyau et l'éjaculation, avec un certain spasme, d'un peu de morve. De la même façon que ces représentations atteignent leurs objets, les pénètrent et font voir ce qu'ils sont, de même faut-il faire durant toute ta vie ; et, toutes les fois que les choses te semblent trop dignes de confiance, mets-les à nu, rends-toi compte de leur peu de valeur et dépouille-les de cette fiction qui les rend vénérables. C'est un redoutable sophiste que cette fumée d'estime ; et, lorsque tu crois t'occuper le mieux à de sérieuses choses, c'est alors qu'elle vient t'ensorceler le mieux. Vois donc ce que Cratès a dit de Xénocrate lui-même.

XIV. — La plupart des objets que la foule admire se ramènent aux plus généraux, aux objets qui subsistent en vertu d'une façon d'être ou d'un état de nature pierres, bois, figuiers, vignes, oliviers. Ceux qu'admirent les gens un peu plus sensés, aux êtres qui subsistent par une âme vivante, comme les troupeaux de gros et de menu bétail. Ceux qu'admirent les gens encore plus cultivés, aux êtres doués d'une âme raisonnable, non pas toutefois de l'âme universellement raisonnable, mais de celle qui rend habile dans les arts, ingénieux de quelque autre manière ou simplement capable d'acquérir un grand nombre d'esclaves. Mais celui qui honore l'âme universellement raisonnable et sociale ne fait plus aucun cas du reste. Avant tout, il conserve fidèlement son âme dans ses prérogatives et ses activités raisonnables et sociales, et il aide son semblable à tendre au même but.

XV. — Sans cesse entre les choses, les unes se hâtent d'être, les autres se hâtent d'avoir été, et, de ce qui vient à l'être, quelque partie déjà s'est éteinte. Écoulements et transformations renouvellent le monde constamment, comme le cours ininterrompu du temps maintient toujours nouvelle la durée infinie. Dans ce fleuve, de quel objet parmi ceux qui passent en courant, pourrait-on faire cas, puisqu'il n'est pas possible de s'arrêter sur aucun ? C'est comme si l'on se mettait à s'éprendre d'un de ces moineaux qui volent auprès de nous et qui déjà se sont éloignés de nos yeux. Et la vie même de chacun de nous est comparable au sang qui s'évapore et à l'aspiration de l'air. En effet, aspirer de l'air une fois et l'expirer ensuite, ce que nous faisons à tout instant, est la même chose que rendre à la source, d'où tu l'as tiré une première fois, l'intégralité de cette faculté de respiration, que tu as obtenue hier ou avant-hier, lorsque tu as été mis au monde.

XVI. — Ce n'est pas de transpirer comme les plantes qui sont chose estimable, ni de souffler comme les troupeaux et les animaux sauvages, ni d'être impressionné par l'imagination, ni d'être mû comme une marionnette par ses impulsions, ni de s'attrouper, ni de se nourrir, car tout cela est du même ordre que l'excrétion des résidus de la nourriture. Qu'y a-t-il donc de digne d'estime ? Être applaudi par des battements de mains ? Non. Ce n'est donc pas non plus le fait d'être applaudi par des battements de langues, car les félicitations de la foule ne sont que battements de langues. Tu as donc aussi répudié la gloriole. Que reste-t-il alors de digne d'estime ? Il me semble que c'est de régler son activité et son repos selon sa propre constitution, but où tendent aussi les études et les arts. Tout art, en effet, tend à ceci, à ce que toute constitution soit convenablement appropriée à l'œuvre pour laquelle elle fut constituée. Le vigneron qui cultive la vigne, le dompteur de chevaux et le dresseur de chiens cherchent ce résultat. Les méthodes d'éducation et d'enseignement à quoi s'efforcent-elles ? Voilà donc ce qui est digne d'estime. Et, si tu parviens heureusement à l'acquérir, tu ne te réserveras pour aucune autre chose.

Ne cesseras-tu pas d'estimer aussi beaucoup d'autres choses ? Tu ne seras donc jamais libre ni capable de te suffire ni sans passion. Il est fatal, en effet, que tu en viennes à envier, à jalouser, à soupçonner ceux qui peuvent t'enlever ce que tu estimes, et à dresser des embûches contre ceux qui le possèdent. Bref, il est fatal que celui qui est privé de ce qu'il juge estimable soit troublé, et qu'en outre il adresse mille reproches aux Dieux. Mais le respect et l'estime de ta propre pensée feront de toi un homme qui se plaît à lui-même, en harmonie avec les membres de la communauté, et en accord avec les Dieux, c'est-à-dire un homme qui approuve avec acquiescement les lots et les rangs qu'ils ont attribués.

XVII. — En haut, en bas, en cercle se meuvent les éléments. Le mouvement de la vertu n'est compris dans aucune de ces directions ; mais c'est quelque chose de plus divin, et c'est par une voie difficile à comprendre qu'elle avance et qu'elle suit heureusement son chemin.

XVIII. — Quelle façon d'agir ! Les hommes de leur temps et qui vivent avec eux, ils ne veulent pas les louer, mais ils tiennent beaucoup à être eux-mêmes loués par ceux qui viendront après eux, qu'ils n'ont jamais vus et ne verront jamais. C'est à peu près comme si tu t'affligeais de ce que ceux qui t'ont précédé n'aient pas tenu sur toi des propos louangeurs.

XIX. — Ne suppose pas, si quelque chose t'est difficile que cette chose soit impossible à l'homme. Mais, si une chose est possible et naturelle à l'homme, pense qu'elle est aussi à ta portée.

XX. — Dans les exercices du gymnase, quelqu'un t'a écorché avec l'ongle et t'a brisé d'un coup de tête. Nous n'en manifestons aucun désagrément, nous ne nous offensons pas, nous ne le soupçonnons pas dans la suite de nous vouloir du mal. Toutefois nous nous en gardons, non pourtant comme d'un ennemi ; mais, sans le tenir en suspicion, nous l'évitons bienveillamment. Qu'il en soit de même dans les autres circonstances de la vie. Passons bien des choses à ceux qui, pour ainsi dire, s'exercent avec nous au gymnase. Il est possible, en effet, comme je le disais, de les éviter, sans les soupçonner, ni les détester.

XXI. — Si quelqu'un peut me convaincre et me prouver que je pense ou que j'agis mal, je serai heureux de me corriger. Car je cherche la vérité, qui n'a jamais porté dommage à personne. Mais Il se nuit celui qui persiste en son erreur et en son ignorance.

XXII. — Pour moi, je fais ce qui est mon devoir. Les autres choses ne me tracassent point, car ce sont, ou des objets inanimés, ou des êtres dépourvus de raison, ou des gens égarés et ne sachant pas leur chemin.

XXIII. — Envers les animaux sans raison, et, en général, envers les choses et les objets qui tombent sous les sens, uses-en comme un être doué de raison vis-à-vis d'êtres qui en sont dépourvus, magnanimement et libéralement. Mais envers les hommes, uses-en comme vis-à-vis d'êtres doués de raison, et conduis-toi avec sociabilité. En toute occasion, invoque les Dieux, et ne t'inquiète pas de savoir durant combien de temps tu agiras ainsi, car c'est assez même de trois heures employées de la sorte.

XXIV. — Alexandre de Macédoine et son muletier une fois morts, en sont réduits au même point. Ou bien ils ont été repris dans les raisons génératrices du monde, ou bien ils ont été pareillement dispersés dans les atomes.

XXV. — Considère combien de choses, durant un même infime moment, se passent en chacun de nous, tant dans le corps que dans l'âme. De la sorte, tu ne seras plus étonné, si beaucoup plus de choses, ou plutôt si toutes les choses coexistent à la fois dans cet être unique et universel que nous appelons le Monde.

XXVI. — Si quelqu'un te demandait comment s'écrit le nom d'Antonin, ne t'appliquerais-tu pas à articuler chacun des éléments de ce mot ? Et alors, si l'on se fâchait, te fâcherais-tu à ton tour ? Ne poursuivrais-tu pas avec tranquillité l'énumération de chacune des lettres ? De même aussi, souviens-toi qu'ici-bas tout devoir se compose d'un certain nombre d'obligations marquées. Il faut les observer et, sans se troubler ni se fâcher contre ceux qui se fâchent, poursuivre avec méthode ce qu'on s'est proposé.

XXVII. — Comme il est cruel de ne pas laisser les hommes se porter aux choses qui leur paraissent naturelles et dignes d'intérêt ! Et pourtant, en un certain sens, tu ne leur accordes pas de le faire, lorsque tu t'indignes de ce qu'ils commettent des fautes. Ils s'y portent généralement, en effet, comme à des choses qui leur seraient naturelles et dignes d'intérêt.

— Mais il n'en est pas ainsi.

— Instruis-les donc et détrompe-les, sans t'indigner.

XXVIII. — La mort est la cessation des représentations qui nous viennent des sens, des impulsions qui nous meuvent comme avec des cordons, du mouvement de la pensée et du service de la chair.

XXIX. — Il est honteux que, dans le temps où ton corps ne se laisse point abattre, ton âme, en ce même moment, se laisse abattre avant lui.

XXX. — Prends garde à ne point te césariser, à ne pas te teindre de cette couleur, car c'est ce qui arrive. Conserve-toi donc simple, bon, pur, digne, naturel, ami de la justice, pieux, bienveillant, tendre, résolu dans la pratique de tes devoirs. Lutte pour demeurer telle que la philosophie a voulu te former. Révère les Dieux, viens en aide aux hommes. La vie est courte. L'unique fruit de l'existence sur terre est une sainte disposition et des actions utiles à la communauté. En tout, montre-toi le disciple d'Antonin. Pense à son effort soutenu pour agir conformément à la raison, à son égalité d'âme en toutes circonstances, à sa piété, à la sérénité de son visage, à sa mansuétude, à son mépris de la vaine gloire, à son ardeur à pénétrer les affaires.

Pense aussi à la façon dont il ne laissait absolument rien passer sans l'avoir examiné à fond et clairement compris, dont il supportait les reproches injustes sans y répondre par d'autres reproches, dont il traitait toute chose sans précipitation, dont il repoussait la calomnie, dont il s'enquêtait méticuleusement des caractères et des activités.

Ni insolence, ni timidité, ni défiance, ni pose. Pense comme il se contentait de peu, pour sa demeure, par exemple, pour sa couche, son vêtement, sa nourriture, son service domestique ; comme il était laborieux et patient, et capable de s'employer jusqu'au soir à la même tâche, grâce à la simplicité de son régime de vie, sans avoir besoin d'évacuer, hors de l'heure habituelle, les résidus des aliments. Pense encore à la solidité et à la constance de ses amitiés, à sa tolérance pour ceux qui franchement contredisaient ses avis, à sa joie si quelqu'un lui montrait une solution meilleure, à son esprit religieux sans superstition, afin que ta dernière heure te surprenne avec une conscience aussi pure que celle qu'il avait.

XXXI. — Recouvre ton bon sens, reviens à toi et, une fois sorti de ton sommeil, rends-toi compte que c'étaient des songes qui te troublaient ; une fois réveillées, regardent les choses comme auparavant tu les regardais.

XXXII. — Je suis composé d'un faible corps et d'une âme. Pour le corps, tout est indifférent, car il ne peut établir aucune différence. Quant à l'esprit, tout ce qui n'est pas de son activité lui est indifférent, et tout ce qui est de son activité, tout cela est en son pouvoir. Mais toutefois, de tout ce qui est en son pouvoir, seule l'activité présente l'intéresse, car ses activités futures ou passées lui sont aussi en ce moment indifférentes.

XXXIII. — Le travail de la main ou du pied n'est pas contraire à leur nature, tant que le pied ne fait que la fonction du pied, et la main la fonction de la main. De même, l'homme, en tant qu'homme, ne fait pas un travail contraire à la nature, tant qu'il fait ce que l'homme doit faire. Et, si ce n'est pas contraire à sa nature, ce qu'il fait n'est pas non plus pour lui un mal.

XXXIV. — Quels plaisirs ont goûtés les brigands, les débauchés, les parricides, les tyrans ?

XXXV. — Ne vois-tu pas que, si les gens de métier s'accommodent jusqu'à un certain point aux goûts des particuliers, ils n'en restent pourtant pas moins attachés à la raison de leur art et ne supportent pas de s'en écarter ? N'est-il pas surprenant que l'architecte et le médecin respectent mieux la raison de leur art respectif, que l'homme la sienne propre, qui lui est commune avec les Dieux ?

XXXVI. — L'Asie, l'Europe, coins du monde ; tout océan, une goutte d'eau dans le monde ; l'Athos, une motte du monde ; le temps présent tout entier, un point de la durée. Tout est petit, inconsistant, en évanescence ! Tout provient de là-haut, directement mû par ce commun principe directeur, ou indirectement, par voie de conséquence. Ainsi donc, même la gueule du lion, même le poisson, et enfin tout ce qu'il y a de nocif, comme l'épine, comme la fange, sont des conséquences de tout ce qu'il y a là-haut de vénérable et de beau. Ne t'imagine donc pas que tout cela est étranger au principe que tu révères ; mais réfléchis à la source d'où procèdent les choses.

XXXVII. — Qui a vu ce qui est dans le présent a tout vu, et tout ce qui a été de toute éternité et tout ce qui sera dans l'infini du temps ; car tout est semblable et de même aspect.

XXXVIII. — Réfléchis souvent à la liaison de toutes choses dans le monde et à la relation des unes avec les autres. En un certain sens, elles sont toutes tressées les unes avec les autres, et toutes, par suite, sont amies les unes avec les autres. L'une, en effet, s'enchaîne à l'autre, à cause du mouvement ordonné, du souffle commun et de l'unité de la substance.

XXXIX. — Accommode-toi aux choses que t'assigna le sort ; et les hommes, que le destin te donna pour compagnons, aime-les, mais du fond du cœur.

XL. — Un instrument, un outil, un ustensile quelconque, s'il se prête à l'usage pour lequel il a été fabriqué, est de bon emploi et cela bien que le fabricateur soit alors absent. Mais, s'il s'agit de choses qu'assembla la nature, la force qui les a fabriquées est en eux et y demeure. Voilà pourquoi il faut l'en révérer davantage et penser que, si tu te conduis et si tu te diriges selon son bon vouloir, tout en toi sera selon l'intelligence. Il en est de même pour le Tout, tout ce qu'il fait est conforme à l'intelligence.

XLI. — Quelle que soit la chose indépendante de ta volonté que tu regardes comme un bien ou comme un mal, il est fatal, si ce mal t'arrive ou si ce bien t'échappe, que tu murmures contre les Dieux, que tu haïsses les hommes, les accusant ou les soupçonnant d'être les auteurs de cet accident ou de cette fuite. Nous commettons bien des injustices par suite de la façon dont nous faisons, vis-à-vis de ces choses, cette différence. Mais, si nous jugeons seuls, comme des biens et des maux, les choses qui dépendent de nous, il ne nous reste plus aucune raison d'accuser Dieu et de nous tenir, en face de l'homme, en position de guerre.

XLII. — Tous nous collaborons à l'accomplissement d'une œuvre unique, les uns en connaissance de cause et avec intelligence, les autres sans s'en rendre compte. C'est ainsi qu'Héraclite, je crois, dit que, même ceux qui dorment, travaillent et collaborent à ce qui se fait dans le monde. L'un collabore d'une façon différente de l'autre, et même, par surcroît, celui qui murmure et celui qui tente de s'opposer à ce qui s'y fait et de le détruire. Le monde, en effet, a aussi besoin de gens de cette sorte. Reste à savoir parmi quels collaborateurs tu entends toi-même te ranger. Celui qui, en effet, gouverne l'univers de toute façon saura bien t'employer et te mettre en une certaine place parmi ses collaborateurs et ses assistants. Mais toi, de ton côté, ne sois pas à cette place comme ce vers plat et ridicule, dans la tragédie que rappelle Chrysippe.

XLIII. — Est-ce que le soleil s'arroge le droit de tenir le rôle de la pluie ? Asclépios, celui de la Déesse des fruits ? Que dire de chacun des astres ? Ne sont-ils pas différents, tout en collaborant à la même œuvre ?

XLIV. — Si les Dieux ont délibéré sur moi et sur ce qui devait m'arriver, ils ont sagement délibéré, car un Dieu inconsidéré ne serait pas facile même à imaginer. Et pour quelle raison les Dieux auraient-ils été poussés à me faire du mal ? Quel profit en serait-il revenu, soit à eux-mêmes soit à cet univers, qui est là : principale de leurs préoccupations ? Mais, s'ils n'ont pas délibéré sur moi en particulier, ils ont, de toute façon, délibéré sur l'ensemble des choses au nombre desquelles, par voie de conséquence, se trouvent aussi les choses qui m'arrivent ; je dois donc aimablement les accueillir et m'en montrer content.

Mais si les Dieux ne délibèrent sur rien — et le croire est une impiété ; ne faisons plus alors de sacrifices, cessons de prier, de jurer par serment et de faire tout ce que nous faisons en pensant que chaque acte que nous accomplissons se rapporte à des Dieux présents et vivants près de nous — si, dis-je, ils ne délibèrent sur rien de ce qui nous concerne, il m'est bien permis de délibérer sur moi-même et il est de mon droit de rechercher quel est mon intérêt. Or, l'intérêt est, pour chacun, ce qui est conforme à sa constitution et à sa nature.

Or, ma nature à moi est raisonnable et sociale. Ma cité et ma patrie, en tant qu'Antonin, c'est Rome ; en tant qu'homme, l'univers. En conséquence, les choses utiles à ces deux cités sont pour moi les seuls biens.

XLV. — Tout ce qui arrive à chacun est utile au Tout. Cela suffirait. Mais, de plus, dans la plupart des cas, tu verras, en y regardant de plus près, que tout ce qui est utile à un homme l'est aussi aux autres hommes. Qu'on prenne ici le mot utile au sens le plus commun, par rapport aux choses indifférentes.

XLVI. — De même que tu es écœuré des jeux de l'amphithéâtre et d'autres lieux semblables, parce qu'on y voit toujours les mêmes choses et que l'uniformité du spectacle le rend fastidieux, tu éprouves le même sentiment à considérer la vie dans son ensemble. En tout, en effet, du haut en bas, les choses sont les mêmes et ont les mêmes causes. Jusques à quand donc ?

XLVII. -Considère sans cesse combien d'hommes de toutes sortes, de toutes professions, de toutes races, sont morts. Descends jusqu'à Philistion, Phœbus, Origanion. Passe maintenant aux autres races. Il nous faut donc émigrer là où se sont rendus tant de puissants orateurs, tant de graves philosophes, Héraclite, Pythagore, Socrate, et tant de héros avant eux, et après eux, tant de généraux, de tyrans ! Ajoute à ceux-ci Eudoxe, Hipparque, Archimède, tant d'autres pénétrantes natures, tant d'âmes magnanimes, laborieuses, industrieuses, tant de présomptueux railleurs de cette vie périssable et éphémère que mènent les hommes, tels Ménippe et tous ses pareils. Tous ces gens-là pensent qu'ils sont morts depuis longtemps. Qu'y a-t-il à cela de terrible pour eux ? Qu'y a-t-il donc là de terrible aussi pour ceux dont le nom n'est jamais prononcé ? Une seule chose ici-bas est digne de prix passé sa vie dans la vérité et dans la justice, en se gardant indulgent aux menteurs et aux injustes.

XLVIII. — Si tu veux te donner de la joie, pense aux qualités de ceux qui vivent avec toi, par exemple, à l'activité de l'un, à la réserve de l'autre, à la libéralité rien, en effet, ne donne autant de joie que l'image des vertus, quand elles se manifestent dans la conduite de ceux qui vivent avec nous et qu'elles s'y trouvent, en aussi grand nombre que possible, réunies. Voilà pourquoi il faut toujours avoir ce tableau sous les yeux.

XLIX. — T'affliges-tu de ne peser que tant de livres et non trois cents ? Comporte-toi de même, s'il te faut vivre tant d'années durant, et non davantage. Tout comme, en effet, tu te contentes de la part de substance qui t'a été départie, qu'il en soit de même de ta portion de temps.

L. — Essaie de les persuader, mais agis, même malgré eux, quand la raison de la justice l'impose ainsi. Si toutefois, quelqu'un a recours à la force pour te contrecarrer, passe à l'aménité et à la sérénité, sers-toi de cet obstacle pour une autre vertu, et souviens-toi que tu ne te portais pas sans réserve à l'action et que tu ne visais pas des choses impossibles. Que voulais-tu donc ? Faire un effort en ce sens. Cet effort, tu l'as fait, et les choses auxquelles nous nous appliquons finissent par arriver.

LI. — Celui qui aime la gloire met son propre bonheur dans les émotions d'un autre ; celui qui aime le plaisir, dans ses propres penchants ; mais l'homme intelligent, dans sa propre conduite.

LII. — Il m'est permis, sur ce sujet, de n'avoir pas d'opinion et de ne pas troubler mon âme. Les choses, en effet, ne sont point, par elles-mêmes, de nature à pouvoir créer nos jugements.

LIII. — Habitue-toi à être attentif à ce qu'un autre dit, et, autant que possible, entre dans l'âme de celui qui parle.

LIV. — Ce qui n'est pas utile à l'essaim n'est pas utile à l'abeille non plus.

LV. -Si les matelots injuriaient le pilote ou les malades le médecin, pilote et médecin se préoccuperaient-ils d'autre chose que d'assurer, l'un, le salut de l'équipage, et l'autre, la santé de ceux qu'il traite ?

LVI. — Combien de ceux avec qui je suis entré dans le monde en sont déjà partis !

LVII. — Ceux qui ont la jaunisse trouvent le miel amer ; ceux qui ont été mordus par un animal enragé redoutent l'eau, et les petits enfants trouvent belle leur balle. Pourquoi donc m'irriter ? Crois-tu que l'erreur soit d'une moindre influence que la bile chez l'ictérique, ou que le venin chez celui que mordit un animal enragé ?

LVIII. — Personne ne t'empêchera de vivre selon la raison de ta propre nature ; rien ne t'arrivera qui soit en opposition avec la raison de la nature universelle.

LIX. — Que sont-ils, ceux à qui l'on veut plaire ? Et pour quels profits et par quels procédés ? Comme temps aura tôt fait de tout recouvrir, et que de choses déjà n'a-t-il pas recouvertes.

Partie 7

I. — Qu'est-ce que le vice ? C'est une chose que tu as vue souvent. Au sujet d'ailleurs de tout ce qui arrive, aie cette pensée à ta portée : c'est une chose que tu as vue souvent. Somme toute, en haut comme en bas, tu trouveras les mêmes choses dont sont pleins les histoires, les anciennes, les modernes et les contemporaines, dont sont pleines aujourd'hui les villes et les maisons. Rien de nouveau : tout est à la fois coutumière et de courte durée.

II. — Les principes vivent. Comment d'ailleurs pourraient- ils mourir, à moins que ne s'éteignent les représentations correspondantes ? Or, ces représentations, il est en ton pouvoir de les ranimer sans cesse. Je puis, sur chaque chose, me faire l'idée qu'il faut. Et si je le puis, pourquoi me troubler ? Ce qui est en dehors de mon intelligence n'est absolument rien pour mon intelligence. Comprends-le, et te voilà sur pied. Il t'est permis de revivre. Regarde à nouveau les choses que tu as vues, car c'est là revivre.

III. — Vaines recherches du faste, jeux théâtraux sur la scène, troupeaux de gros et de menu bétail, combats de lance : petit os jeté à des caniches, boulette aux poissons des viviers, fatigues de fourmis traînant leur chargement, allées et venues de souris effarées, pantins tirés par des ficelles ! Il faut donc assister à tous ces spectacles avec bienveillance et sans rétivité, mais tenir compte que chacun vaut ce que valent les objets de son zèle.

IV. — Il faut, mot pour mot, se rendre compte de ce que l'on dit, et, en toute action, de ce qui en résulte ; dans ce dernier cas, voir directement à quel but notre action se rapporte ; et, dans le premier cas, veiller à ce que les mots signifient.

V. — Mon entendement suffit-il à cette œuvre, oui ou non ? S'il suffit, je m'en sers pour cet ouvrage comme d'un outil qui m'est donné par la nature universelle. S'il ne suffit point, ou bien je remets cet ouvrage à celui qui pourra mieux le réaliser, surtout si ce n'est pas une de mes obligations ; ou bien, je l'exécute, comme je le puis, en m'adjoignant l'auxiliaire capable, avec l'aide de mon principe directeur, de faire ce qui est présentement opportun et utile à la communauté. Ce que je fais, en effet, par moi-même ou avec l'aide d'un autre, doit toujours tendre uniquement à ce but : à ce qui est utile et bien approprié à la communauté.

VI. — Combien d'hommes, autrefois très célèbres, sont déjà livrés à l'oubli ; et combien de gens, qui les célébraient, depuis longtemps nous ont débarrassés !

VII. — N'aie point honte de te faire aider. Tu as, en effet, à accomplir la tâche qui t'incombe, tel un soldat dans l'assaut d'un rempart. Que ferais-tu donc si, étant boiteux, tu ne pouvais seul escalader le créneau, mais qu'avec l'aide d'un autre, cela te fut possible ?

VIII. — Que les choses à venir ne te tourmentent point. Tu les affronteras, s'il le faut muni de la même raison dont maintenant tu te sers dans les choses présentes.

IX. — Toutes les choses sont entrelacées les unes avec les autres ; leur enchaînement est saint, et presque aucune n'est étrangère à l'autre, car elles ont été ordonnées ensemble et contribuent ensemble à l'ordonnance du même monde. Il n'y a, en effet, qu'un seul monde qui embrasse tout, qu'un seul Dieu répandu partout, qu'une seule substance, une seule loi, une seule raison commune à tous les êtres intelligents ; une aussi est la vérité, puisque la perfection pour les êtres de même nature et participants de la même raison est une aussi.

X. — Tout ce qui est matériel s'évanouit bien vite dans la substance du Tout ; toute cause est bien vite reprise dans la raison du Tout ; tout souvenir est bien vite enseveli dans le temps !

XI. — Pour l'être raisonnable, la même action qui est conforme à la nature est aussi conforme à la raison.

XII. — Seras-tu droit ou redressé ?

XIII. — Comme les membres du corps chez les individus, les essences raisonnables, bien qu'appartenant à des êtres distincts, sont, sous un rapport analogue, constituées pour agir de concert. Cette pensée te frappera davantage, si tu te dis souvent à toi-même : « Je suis membre du corps des essences raisonnables. » Mais, si tu te dis, avec la lettre P : « J'en suis partie », tu n'aimes pas encore du fond du cœur les hommes, tu ne te plais pas encore absolument à leur faire du bien, car si tu fais le bien simplement par devoir, tu ne fais pas encore ce bien comme à toi-même.

XIV. — Advienne ce que voudra du dehors aux parties de mon être qui peuvent être affecté par cet accident ! Celles qui seront affectées se plaindront, si elles veulent. Pour moi, si je ne pense pas que cet accident soit un mal, je n'en ai encore subi aucun dommage. Or, il dépend de moi de ne pas le penser.

XV. — Quoi qu'on fasse ou qu'on dise, il faut que je sois homme de bien, comme si l'or, l'émeraude ou la pourpre disaient : « Quoi qu'on fasse ou qu'on dise, il me faut être émeraude et garder ma couleur. »

XVI. — Mon principe directeur ne se trouble pas soi-même ; je veux dire qu'il ne s'effraie ni ne s'afflige lui-même. Si quelque autre peut l'effrayer ou l'affliger, qu'il le fasse ! Car, de soi-même, ce principe ne se détermine point, en usant de sa pensée, à des états pareils. Que le pauvre corps se préoccupe de ne pas souffrir, s'il le peut ; et qu'il le dise, s'il souffre ! Mais notre pauvre âme qui s'effraie, qui s'afflige, qui se prononce en définitive sur ce qu'elle éprouve n'a pas à en souffrir, car sa constitution ne la contraint pas à porter un jugement de cette sorte. Le principe directeur est, de soi-même, sans besoin, à moins qu'il ne se crée à soi-même un besoin.

Par suite, rien ne peut le troubler ni l'entraver, à moins qu'il ne se trouble et ne s'entrave soi-même.

XVII. — Le bonheur, c'est de posséder un bon génie, ou une bonne raison. Que fais-tu donc ici, imagination ? Va-t'en, par les Dieux, comme tu es venue ! Je n'ai pas besoin de toi. Tu es venue, selon ta vieille habitude ; je ne t'en veux pas ; seulement, retire-toi.

XVIII. — Craint-on la transformation ? Mais sans transformation que peut-il se produire ? Qu'y a-t-il de plus cher et de plus familier à la nature universelle ? Toi-même, peux-tu prendre un bain chaud, si le bois ne subit aucune transformation ? Peux-tu te nourrir, si les aliments ne subissent aucune transformation ? Et quelle est celle des autres choses utiles qui peut s'accomplir sans transformation ? Ne vois-tu donc pas que ta propre transformation est un fait pareil et pareillement nécessaire à la nature universelle ?

XIX. — Par la substance du Tout, comme par un torrent, tous les corps sont emportés. Rattachés au Tout, ils collaborent avec lui, comme nos membres collaborent les uns avec les autres. Combien de Chrysippes, combien de Socrates, combien d'Epictètes le temps a déjà engloutis ! Aie recours, à propos de tout homme et de toute chose, à la même réflexion.

XX. — Une seule chose me tourmente, c'est la crainte de faire ce que la constitution de l'homme n'exige pas, ou comme elle ne l'exige pas, ou ce qu'à présent elle n'exige pas.

XXI. — Bientôt tu auras tout oublié ; bientôt tous t'auront oublié.

XXII. — Le propre de l'homme est d'aimer même ceux qui l'offensent. Le moyen d'y parvenir est de te représenter qu'ils sont tes parents ; qu'ils pèchent par ignorance et involontairement ; que, sous peu, les uns et les autres vous serez morts ; et, avant tout, qu'on ne t'a causé aucun dommage, car on n'a pas rendu ton principe directeur pire qu'il n'était avant.

XXIII. — La nature universelle use de la substance comme d'une cire pour modeler aujourd'hui un cheval. Puis, l'ayant refondu, elle se sert de sa matière pour un arbre, ensuite pour un homme, ensuite pour quelque autre chose. Et chacun de ces êtres n'a subsisté que très peu de temps. Or il n'y a pas plus de mal pour un coffre à être démonté, qu'il n'y en eut pour lui à être assemblé.

XXIV. — Un visage où la colère est empreinte est tout à fait contre nature. Lorsque souvent elle s'y retrace, sa beauté se meurt et finit par s'éteindre, si bien qu'il n'est plus absolument possible de la ranimer. Efforce-toi de conclure de ce fait, que cet état est contraire à la raison, car si la conscience de nos fautes s'en va, quel motif de vivre nous reste-t-il encore ?

XXV. — Tout ce que tu vois, autant que cela ne le soit pas encore, la nature qui gouverne le Tout va le transformer. De la substance de ces choses, elle fera d'autres choses, et de la substance de celles-ci, d'autres encore, afin que le monde soit toujours nouveau.

XXVI. — Lorsqu'un homme a commis une faute contre toi, considère aussitôt quelle opinion il se fait du bien ou du mal pour avoir commis cette faute. Lorsque tu le sauras, en effet, tu auras pitié de lui, et tu n'éprouveras ni étonnement ni colère. Car, ou bien, toi aussi, tu te fais encore la même opinion que lui sur le bien, ou un autre analogue, et il faut donc lui pardonner. Mais si tu ne partages plus ses opinions sur le bien et le mal, tu seras plus facilement bienveillant à celui qui les distingue mal.

XXVII. — N'envisage pas comme toujours présentes les choses absentes, mais évalue, entre les choses présentes, celles qui sont les plus favorables, et rappelle-toi avec quel zèle tu les rechercherais, si elles n'étaient point présentes. Mais garde-toi en même temps de tellement te complaire aux choses présentes que tu ne t'habitues à les surestimer, de sorte que, si par hasard elles te manquaient, tu en serais bouleversé.

XXVIII. — Resserre-toi sur toi-même. Le principe raisonnable qui te dirige a pour nature de se suffire à lui-même en pratiquant la justice et, en agissant ainsi, de conserver le calme.

XXIX. — Efface l'imagination. Arrête cette agitation de pantin. Circonscris le moment actuel. Comprends ce qui t'arrive, à toi ou à un autre. Distingue et analyse, en l'objet qui t'occupe, sa cause et sa matière. Pense à ta dernière heure. La faute que cet homme a commise, laisse-la où la faute se tient.

XXX. — Confronte la pensée avec les mots qui l'expriment. Pénètre en esprit dans les effets et les causes.

XXXI. — Fais briller en toi la simplicité, la pudeur, l'indifférence pour ce qui tient le milieu entre la vertu et le vice. Aime le genre humain. Marche sur les traces de Dieu. Un sage a dit : « Tout est conventionnel, et seuls les éléments sont réels. » Mais il suffit de se rappeler que toutes choses ne sont pas conventionnelles ; il en est même que fort peu.

XXXII. — Sur la mort : C'est une dispersion, s'il n'y a que des atomes. Mais, s'il y a retour à l'unité, c'est une extinction ou une émigration.

XXXIII. — Sur la douleur : Ce qui est intolérable tue, ce qui dure est tolérable. L'intelligence peut, en se reprenant, conserver sa sérénité, et le principe directeur n'en est pas rendu pire. Quant aux parties que lèse la douleur, si elles le peuvent, qu'elles s'expliquent sur elle !

XXXIV. — Sur la gloire : Examine leurs pensées, ce qu'elles sont, quelles choses elles évitent et quelles choses elles poursuivent. Pense aussi que : comme les dunes, s'amoncelant les unes sur les autres, couvrent les précédentes, de même, dans la vie, les événements qui précèdent sont bien vite couverts par ceux qui les assaillent.

XXXV. — Celui dont la pensée, pleine de grandeur et capable d'embrasser le temps tout entier et toute la substance, celui-là, crois-tu donc qu'il lasse grand cas de la vie humaine ?

— C'est impossible, dit-il.

— Un tel homme, par conséquent, ne regardera pas la mort comme terrible ?

— Pas du tout.

XXXVI. — C'est chose royale que de faire le bien et d'être décrié.

XXXVII. — C'est une honte que le visage soit docile et qu'il se compose et s'arrange au gré de la pensée, et que celle-ci soit incapable de se façonner et de se composer à son gré.

XXXVIII. — Il ne faut pas s'irriter contre les choses, car elles ne s'en soucient pas.

XXXIX. — Aux Dieux immortels et à nous, puisses-tu donner des sujets de joie !

XL. — Moissonner la vie comme un épi chargé de grains ; que. l'un survive et non pas l'autre.

XLI. — Si je suis par les Dieux oubliés, moi et mes deux enfants, cela même a aussi sa raison.

XLII. — Le bien et la justice sont avec moi.

XLIII. — Ne pas s'associer à leurs lamentations ni à leurs agitations.

XLIV. — Pour moi, avec justice je répondrais à cet homme : tu te trompes, ami, si tu crois qu'un homme, pour peu qu'il ait quelque valeur, doive supputer les risques de vivre ou de mourir, au lieu d'examiner seulement, lorsqu'il agit, si ses actions sont justes ou injustes, et si elles sont d'un homme de bien ou d'un méchant.

XLV. — En effet, Athéniens, il en est ainsi véritablement. Le poste où l'on s'est soi-même placé, dans la pensée qu'il était le meilleur, ou qui par un chef nous a été assigné, il faut y demeurer, à mon avis, et en courir les risques, sans tenir compte ni de la mort, ni de rien autre que du déshonneur.

XLVI. — Mais, ô cher, prends garde que la noblesse et la vertu ne soient toute autre chose que de veiller au salut des autres et à son propre salut. Cette question de la durée de la vie, un homme véritablement homme ne s'en soucie pas ; il ne doit point s'attacher à la vie, mais sur ce point s'en remettre à Dieu, croire avec les femmes que personne ne saurait éviter son destin et examiner seulement de quelle façon, pendant le temps qu'il doit vivre, il pourra le mieux vivre.

XLVII. — Contemple les évolutions des astres, en pensant que tu es emporté avec eux, et pense sans cesse aux transformations des éléments les uns en les autres. Des représentations de ce genre purifient les souillures de la vie d'ici-bas.

XLVIII. — Belle pensée de Platon : « Celui qui discourt sur les hommes doit considérer les choses qui se passent sur terre comme d'un lieu élevé : troupeaux, armées en campagne, travaux agricoles, mariages, ruptures, naissances, décès, tumulte des tribunaux, contrées désertes, tribus diverses des barbares, fêtes, deuils, réunions publiques, tout ce mélange universel et ce bel ordre d'ensemble qui naît des contraires.

XLIX. — À considérer les événements qui se sont passés et tous les changements qui se font aujourd'hui, il est permis d'apercevoir à l'avance les événements qui viendront. Tous sont pareils, en effet, et il n'est pas possible de s'écarter du rythme des événements qui se passent aujourd'hui. Aussi, avoir observé la vie humaine pendant quarante ou pendant dix mille ans, est-il équivalent. Car, que verras-tu de plus ?

L. — Ce qui est né de la terre, retourne à la terre, mais ce qui a germé d'une semence éthérée, de nouveau retourne vers la voûte céleste. C'est-à-dire : dissolution des combinaisons dans les atomes, et dispersion analogue des éléments impassibles.

LI. — Et : Par des mets, des breuvages et des enchantements, ils veulent détourner le courant de la vie, pour ne point mourir. Le vent que font souffler les Dieux, il est nécessaire de le supporter, au milieu de souffrances qu'on ne peut déplorer.

LII. — Il est meilleur lutteur, mais il n'est pas plus dévoué au bien commun, ni plus modeste, ni plus discipliné dans les événements, ni plus indulgent aux bévues du prochain.

LIII. — Lorsqu'une tâche peut être accomplie conformément à la raison commune aux Dieux et aux hommes, il n'y a là rien à craindre. Quand on peut, en effet, se rendre utile par une activité bien conduite et dirigée conformément à sa constitution, il n'y a là aucun dommage à redouter.

LIV. — En tout lieu et sans cesse, il dépend de toi d'être pieusement satisfait de l'occurrence présente, de te comporter selon la justice avec les hommes présents, de fixer toute son attention sur l'idée présente, afin qu'il ne s'y glisse rien d'incompréhensible.

LV. — Ne porte pas tes regards sur le principe directeur des autres, mais regarde droit où te conduit la nature : la nature universelle, par les accidents qui t'arrivent, et ta propre nature, par les devoirs qu'elle t'impose. Chaque être doit accomplir, en effet, ce qui est en accord avec sa constitution. Tous les autres êtres ont été constitués en vue des êtres raisonnables, comme, dans n'importe quel ordre, les choses inférieures en vue des supérieures, mais les êtres raisonnables l'ont été les uns pour les autres. Dans la constitution de l'homme, le caractère essentiel est donc la sociabilité. Le second, c'est la faculté de résister aux sollicitations corporelles, car le propre du mouvement de la raison et de l'intelligence est de se donner sa limite à lui-même et de ne jamais être vaincu par les mouvements des sens ni par ceux de l'instinct. Ces deux mouvements, en effet, sont de nature animale. Mais le mouvement de l'intelligence veut prédominer et ne pas être maîtrisé par eux, et cela, à juste titre, car il est d'une nature à pouvoir se servir de tous les autres. En troisième lieu, il est dans la constitution d'un être raisonnable de ne pas se montrer prompt à juger ni facile à duper. Que ton principe directeur, en s'en tenant à ces prérogatives, suive droit son chemin, et il possède ce qui lui appartient.

LVI. — Il faut, en homme déjà mort et ayant vécu jusqu'au moment présent, vivre le reste de ta vie conformément à la nature.

LVII. — N'aimer uniquement que ce qui t'arrive et ce qui constitue la trame de ta vie. N'est-il rien, en effet, qui te convienne mieux ?

LVIII. — À chaque événement, aie devant les yeux ceux à qui les mêmes choses sont arrivées ; pense ensuite à ceux qui s'en affligeaient, s'en étonnaient, s'en plaignaient. Où sont-ils maintenant ? Nulle part. Eh quoi ? veux-tu, toi-même aussi, faire comme eux ? Ces attitudes étrangères, ne veux-tu pas les laisser à ceux qui les prennent et qui sont pris par elles, et t'employer tout entier à savoir te servir de ces événements ? Propose-toi seulement et aie la volonté d'être un homme de bien en tout ce que tu fais. Et souviens-toi de ces deux maximes : que n'importe pas l'occasion de l'action...

LIX. — Creuse au dedans de toi. Au dedans de toi sont la source du bien, et une source qui peut toujours jaillir, si tu creuses toujours.

LX. — Il faut que le corps soit aussi lui-même affermi et ne soit pas relâché, ni dans l'action ni dans le repos. Car ce que l'intelligence donne au visage, le maintenant toujours harmonieux et noble, il faut pareillement l'exiger du corps entier. Mais il faut en cela se garder de toute affectation.

LXI. — L'art de vivre est plus semblable à celui de la lutte qu'à celui de la danse, en ce qu'il faut se tenir prêt et sans broncher, à parer aux coups directs et non prévus.

LXII. — Considère sans cesse ce que sont ceux dont tu veux invoquer le témoignage et quels sont leurs principes de direction. Ainsi, tu ne les blâmeras point, s'ils errent involontairement, et tu n'auras plus besoin de leur témoignage, si tu regardes à la source de leurs opinions et de leurs impulsions.

LXIII. — « Toute âme, dit-on, est privée malgré elle de la vérité » Il en est donc ainsi de la justice, de la tempérance, de l'aménité et de toutes les vertus analogues. Il est très nécessaire de te souvenir continuellement de cela, car tu seras plus indulgent envers tous.

LXIV. — À toute douleur, aie cette pensée à ta portée cela n'est pas honteux, cela ne lèse point l'intelligence qui te gouverne, car celle-ci, ni en tant que raisonnable, ni en tant que sociable, ne saurait être corrompue par la douleur. Dans les grandes douleurs toutefois, aie recours à cette maxime d'Epicure : « La douleur n'est ni intolérable ni éternelle, si tu le souviens de ses limites et si tu n'y ajoutes rien par l'opinion que tu t'en fais. » Rappelle-toi encore ceci : qu'il y a bien des choses qui t'insupportent et qui, sans le paraître, sont de véritables douleurs, comme la somnolence, l'extrême chaleur, le manque d'appétit. Si donc un de ces maux te chagrine, dis-toi que tu cèdes à la douleur.

LXV. — Prends garde de ne jamais avoir envers les misanthropes les sentiments qu'ont les misanthropes à l'égard des hommes.

LXVI. — D'où savons-nous si la disposition morale de Télaugès n'était pas supérieure à celle de Socrate ? Il ne suffit pas, en effet, que Socrate ait eu une mort plus fameuse qu'il ait discuté plus habilement avec les sophistes, qu'il ait montré plus d'endurance à passer des nuits sous le gel, ni qu'ayant reçu l'ordre d'arrêter le Salaminien, il ait fait preuve de plus de grandeur d'âme à se récuser, ni qu'il se soit « rengorgé dans les rues » ; toutes choses qui, si elles étaient vraies, mériteraient grandement qu'on s'y arrêtât. Mais il faut considérer ceci : quelle âme avait Socrate, et s'il pouvait se contenter d'être juste dans ses rapports avec les hommes et religieux dans ses rapports avec les Dieux, sans s'indigner alors contre le vice ni s'asservir à l'ignorance de quelqu'un, sans recevoir comme étranger ce qui lui était assigné par l'ordre universel ou le subir comme intolérable, sans permettre à son intelligence de sympathiser avec les passions de la chair.

LXVII. — La nature ne t'a pas tellement mêlé ou composé des choses, qu'il ne te soit point permis de te délimiter et de faire que ce qui t'appartient soit en ton pouvoir. Il est parfaitement possible, en effet, d'être un homme divin et de n'être remarqué par personne. Souviens-t'en toujours, et encore de ceci : que le bonheur de vivre dépend de très petites choses, et que, si tu désespères de pouvoir être un dialecticien et un physicien, il ne faut pas pour cela renoncer à être libre, modeste, sociable et docile à la voix de Dieu.

LXVIII. — Passe à travers la vie sans violence, l'âme pleine de joie, même si tous les hommes poussent contre toi les clameurs qu'ils voudront, même si les fauves déchirent les morceaux de cette pâte que tu épaissis autour de toi. Car, dans tous ces cas, qui donc empêche ta pensée de conserver sa sérénité, de porter un jugement vrai sur ce qui passe autour de toi et d'être prête à tirer parti de ce qui vient à ta rencontre ? Que ton âme donc, en tant qu'elle peut juger, dise à ce qui survient : « Tu es cela par essence, quoique l'opinion te fasse paraître autre. » Mais qu'elle ajoute, en tant qu'elle peut tirer parti de ce qui lui survient : « J'allais à ta rencontre, puisque le présent m'est toujours matière à vertu raisonnable et sociale et, en un mot, matière à faire œuvre humaine ou divine. » Tout ce qui arrive, en effet, se rend familier à Dieu ou à l'homme ; rien n'est nouveau ni difficile à manier, mais tout est commun et facile à façonner.

LXIX. — La perfection morale consiste en ceci : à passer chaque jour comme si c'était le dernier, à éviter l'agitation, la torpeur, la dissimulation.

LXX.- Les Dieux, qui sont immortels, ne s'irritent pas de ce qu'il leur faudra, une telle éternité durant, supporter absolument sans relâche tant de méchants toujours méchants. Bien plus, ils prennent soin d'eux de mille façons diverses. Mais toi, qui es sur le point de finir, tu renonces, et cela, lorsque tu es toi-même un de ces méchants ?

LXXI. — Il est ridicule de ne point échapper à sa propre malignité, ce qui est possible, et de vouloir échapper à celle des autres, ce qui est impossible.

LXXII. — Tout ce que la faculté raisonnable et sociable estime n'être ni raisonnable ni sociable, c'est à juste titre qu'elle le juge inférieur à elle-même.

LXXIII. — Lorsque tu as fait du bien et qu'un autre y a trouvé son bien, quelle troisième chose recherches-tu en outre, comme les insensés ? Passer pour avoir fait du bien, ou être payé de retour ?

LXXIV. — Personne ne se lasse de recevoir un service. Or, rendre service est agir conformément à la nature. Ne te lasse donc point de te rendre service, en obligeant les autres.

LXXV. — La nature universelle a orienté son impulsion vers la création du monde. Dès lors, ou bien tout ce que maintenant il arrive en provient par voie de conséquence, ou bien tout est irrationnel, même les événements les plus importants, ceux que provoque une particulière impulsion du principe qui dirige le monde. En bien des circonstances, le souvenir de cette pensée te donnera plus de sérénité.

Partie 8

I. — Et cette pensée aussi te porte à renoncer à toute vaine gloire : c'est que tu ne peux pas faire que ta vie tout entière ou, tout au moins, la partie écoulée depuis ton jeune âge, ait été celle d'un philosophe. Mais, aux yeux de beaucoup d'autres comme à tes propres yeux, tu es évidemment resté bien éloigné de la philosophie. Te voilà donc confondu, au point qu'il ne t'est plus facile d'acquérir le renom de philosophe. La présomption est contradictoire. Si tu as donc exactement compris où tu en es, ne te soucie plus de ce qu'on peut penser de toi, mais contente-toi de vivre le reste de ta vie, quelle qu'en soit la durée, comme le veut la nature. Réfléchis donc à ce qu'elle veut, et qu'aucun autre souci ne te distraie. Tu as éprouvé, en effet, après combien d'erreurs ! que nulle part tu n'as pu obtenir le bonheur, ni dans les raisonnements, ni dans la richesse, ni dans la gloire, ni dans la jouissance, nulle part. Où donc est-il ? — Dans la pratique de ce que requiert la nature de l'homme. — Comment donc le pratiques-tu ? — En ayant des principes d'où procèdent impulsions et actions. — Quels principes ? — Ceux qui ont trait au bien et au mal : qu'il n'y a de bien, pour l'homme, que ce qui le rend juste, tempérant, courageux, libre, et qu'il n'y a de mal, que ce qui produit en lui des effets opposés aux susdites vertus.

II. — À chaque action, demande-toi : de quelle façon me convient-elle ? N'aurai-je pas à m'en repentir ? Encore un peu, et je suis mort et tout a disparu. Que rechercher de plus, si l'action, que présentement j'accomplis, est celle d'un homme intelligent, sociable et soumis à la même loi que Dieu ?

III. — Que sont Alexandre, César et Pompée auprès de Diogène, Héraclite et Socrate ? Ceux-ci, en effet, connaissaient les choses, les causes, les substances, et leurs principes de direction restaient toujours les mêmes ; mais ceux-là, combien de choses ils ignoraient, et de combien ils s'étaient faits esclaves ?

IV. — Qu'ils n'en feront pas moins les mêmes choses, dusses-tu en crever !

V. — Avant tout, ne te trouble point ; tout arrive, en effet, conformément à la nature universelle, et sous peu de temps, tu ne seras plus rien, comme ne sont rien Hadrien et Auguste. Ensuite, fixant les yeux sur ce que tu as à faire, considère-le bien ; et, te souvenant qu'il faut être homme de bien et de ce que réclame la nature de l'homme, accomplis-le sans te détourner et de la façon qui t'apparaît la plus juste, mais que ce soit seulement avec bonne humeur, modestie et sans faux semblant.

VI. — La nature universelle a pour tâche de transporter là ce qui est ici, de le transformer et de l'enlever de là pour le porter ailleurs. Tout est changeant, mais tout est habituel, et il n'y a pas à craindre qu'il y ait du nouveau, les répartitions sont équivalentes.

VII. — Toute nature est contente d'elle-même lorsqu'elle suit la bonne voie. La nature raisonnable suit la bonne voie, lorsque, dans l'ordre des représentations, elle ne donne son assentiment ni à ce qui est faux ni à ce qui est incertain ; lorsqu'elle dirige ses impulsions vers les seules choses utiles au bien commun ; lorsqu'elle applique la force de ses désirs et de ses aversions aux seules choses qui dépendent de nous, et qu'elle accueille avec empressement tout ce que lui départ la commune nature.

Car elle en est partie, comme la nature de la feuille est partie de la nature de la plante, sauf que, dans ce cas, la nature de la feuille est partie d'une nature insensible, dénuée de raison et susceptible d'être entravée, tandis que la nature de l'homme est partie d'une nature qui ne peut être entravée, intelligente et juste, car elle attribue équitablement à tous les êtres et selon leur valeur, leur part de durée, de substance, de cause, d'énergie, d'accidents. Remarque toutefois que tu ne trouveras pas en tout cette équivalence, si tu compares avec une seule autre une seule attribution ; mais il faut comparer en bloc tout ce qui a été donné à l'un à l'ensemble de ce qu'un autre a reçu.

VIII. — Tu ne peux plus lire ! Mais tu peux repousser toute démesure ; tu peux dominer les plaisirs et les peines ; tu peux être au-dessus de la vaine gloire ; tu peux ne point t'irriter contre les grossiers et les ingrats ; tu peux, en outre, leur témoigner de la sollicitude.

IX. — Que personne ne t'entende plus te plaindre de la vie de la cour, et que toi-même tu ne t'entendes plus !

X. — Le repentir est un blâme à soi-même pour avoir négligé quelque chose d'utile. Or, le bien doit être quelque chose d'utile, et l'honnête homme doit en avoir souci. Mais d'autre part, aucun honnête homme ne se blâmerait pour avoir négligé un plaisir. Le plaisir n'est donc ni chose utile ni bien.

XI. — Cette chose, qu'est-elle en elle-même, dans sa propre constitution ? Quelle en est la substance, la matière ? Quelle en est la cause formelle ? Que fait-elle dans le monde ? Combien de temps subsiste-t-elle ?

XII. — Lorsque tu as peine à t'arracher au sommeil, rappelle-toi qu'il est conforme à ta constitution et à la nature humaine d'accomplir des actions utiles au bien commun, et que dormir t'est commun avec les êtres dénués de raison. Or, ce qui est conforme à la nature de chaque être est plus particulièrement propre à lui, plus naturel et, par conséquent, plus agréable aussi.

XIII. — Constamment et, s'il est possible, à toute représentation, appliquer les principes de la science de la nature, de celle des passions et de la dialectique.

XIV. — Qui que ce soit que tu rencontres, commence aussitôt par te dire : « Cet homme, quels principes a-t-il sur les biens et sur les maux ? » S'il a, en effet, sur le plaisir et la douleur, sur les causes qui l'une et l'autre les produisent, sur la gloire, l'obscurité, la mort, la vie, tels ou tels principes, je ne trouverai ni étonnant, ni étrange, s'il accomplit telles ou telles actions, et je me souviendrai qu'il est contraint d'agir ainsi.

XV. — Souviens-toi que, de la même manière qu'il est honteux d'être surpris qu'un figuier porte des figues, il l'est, de même, de s'étonner que le monde porte tels ou tels fruits qu'il est dans sa nature de produire. De même aussi, pour un médecin et un pilote, il est honteux d'être surpris qu'un malade ait la fièvre, ou que souffle un vent contraire.

XVI. — Souviens-toi que changer d'avis et obéir à qui te redresse, c'est faire encore acte de liberté. Ton activité, en effet, s'étend selon ta volonté, selon ton jugement et, par conséquent, selon aussi ta propre intelligence.

XVII. — Si la chose dépend de toi, pourquoi la fais-tu ? Si elle dépend d'un autre, à qui t'en prends-tu ? Aux atomes ou aux Dieux ? Dans les deux cas, c'est folie. — Il ne faut s'en prendre à personne. Si tu le peux, redresse le coupable. Si tu ne le peux pas, redresse au moins son acte. Mais si cela même ne se peut, à quoi de plus te sert-il de te plaindre ? Car il ne faut rien faire à l'aventure.

XVIII. — Ce qui est mort ne tombe pas hors du monde. S'il y reste, c'est donc qu'il s'y transforme et s'y résout en ses éléments propres, qui sont à la fois ceux du monde et les siens. Or, ces éléments se transforment à leur tour et n'en murmurent point.

XIX. — Chaque chose a été faite en vue d'une fonction, le cheval, la vigne. Pourquoi t'en étonner ? Le soleil même dira qu'il a été produit pour une tâche, comme les autres Dieux. Mais toi, pourquoi as-tu été créé ? Pour le plaisir ? Vois si cette pensée est admissible.

XX. — La nature n'a pas moins envisagé la fin de chaque chose que son commencement et que le cours entier de sa durée. Elle se comporte comme un joueur qui lance une balle. Or, quel bien une balle trouve-t-elle à monter, quel mal à descendre, ou même à être tombée ? Et quel bien une bulle d'eau a-t-elle à se former ? Quel mal à crever ? Mêmes réflexions à propos d'une lampe.

XXI. — Tourne et retourne ce corps, et considère ce qu'il est, ce qu'il devient en vieillissant, en étant malade, en mourant. La vie est courte pour celui qui loue et pour celui qui est loué, pour celui qui se souvient et pour celui dont on se souvient. Et tout cela se circonscrit encore dans un petit coin de cette région. Et là, tous ne sont pas d'accord, ni même un homme avec lui-même ; et la terre tout entière est un point !

XXII. — Sois attentif à l'objet qui t'occupe, à ce que tu fais, à ce que tu penses, à ce que tu veux faire entendre. Tu souffres à juste titre. Tu préfères attendre à demain pour devenir honnête homme plutôt que de l'être aujourd'hui.

XXIII. — Fais-je quelque chose ? Je le fais en le rapportant au bien des hommes. — M'arrive-t-il quelque chose ? Je le reçois en le rapportant aux Dieux et à la source de tout, d'où dérivent ensemble tous les événements.

XXIV. — Tel que te paraît le bain : huile, sueur, crasse, eau visqueuse, toutes choses dégoûtantes ; tels se montrent à toi toute partie de la vie et tout objet qui s'offre.

XXV. — Lucilla ensevelit Verus ; puis Lucilla eut son tour ; Secunda, Maximus ; puis Secunda eut son tour ; Épitychanus, Diotime ; puis Épitychanus eut son tour ; Antonin, Faustine, puis Antonin eut son tour. Et ainsi de suite. Celer ensevelit Hadrien ; puis Celer eut son tour. Et ces hommes d'un esprit pénétrant, soit qu'ils aient su prévoir l'avenir ou qu'ils aient été aveuglés par l'orgueil, où sont-ils, comme, par exemple, parmi les esprits pénétrants, Charax, Démétrius le platonicien, Eudémon et leurs pareils ? Tout cela a été éphémère, et tout est mort depuis longtemps. De quelques-uns, on ne s'est même pas un instant souvenu ; ceux-ci sont passés dans les légendes, et ceux-là ont déjà même disparu des légendes. Souviens-toi donc de ceci, qu'il faille, ou que ton pauvre agrégat se disperse, ou que ton faible souffle s'éteigne, ou qu'il émigre et s'établisse ailleurs.

XXVI. — Bonheur de l'homme : faire ce qui est le propre de l'homme. Et ce qui est le propre de l'homme, c'est d'être bienveillant envers ses pareils, de mépriser les mouvements des sens, de discerner les idées qui méritent créance, de contempler la nature universelle et tout ce qui arrive conformément à sa loi.

XXVII. — Trois relations : l'une avec la cause qui m'environne ; l'autre avec la cause divine, d'où tout arrive à tous, et la troisième avec mes compagnons d'existence.

XXVIII. — Ou la douleur est un mal pour le corps — qu'il le déclare donc ! — ou bien pour l'âme. Mais il est permis à l'âme de conserver sa propre sérénité, son calme et de ne pas opiner que la douleur est un mal. Tout jugement, en effet, tout élan, tout désir, toute aversion enfin est au dedans de nous, et rien d'autre jusque-là ne pénètre.

XXIX. — Efface les représentations imaginaires en te disant continuellement à toi-même : « À présent, il est en mon pouvoir qu'il n'y ait en cette âme aucune méchanceté, aucun désir, ni en un mot aucun trouble. Mais, voyant toutes choses comme elles sont, je tire parti de chacune selon sa valeur. » Souviens-toi de ce pouvoir que tu as par nature.

XXX. — Parler, soit au Sénat, soit à n'importe qui avec décence et distinctement ; se servir d'un langage sain.

XXXI. — La cour d'Auguste, sa femme, sa fille, ses descendants, ses ascendants, sa sœur, agrippa, ses alliés, ses familiers, ses amis, Aréus, mécène, ses médecins, ses sacrificateurs, toute cette cour a disparu. Passe ensuite à d'autres, à la mort, non plus d'un homme, mais, par exemple, à celle de tous les Pompées. Songe à ce qui est gravé sur les tombeaux : « Le dernier de la race. » Que de tourments s'étaient donnés les ancêtres pour laisser un héritier ! Il a fallu pourtant qu'il y eût un dernier, et ce fut là encore la disparition de toute une lignée !

XXXII. — Il faut régler sa vie action par action, et si, dans la mesure du possible, chacune suffit à son but, se déclarer content. Or, de faire qu'elle suffise à son but, nul ne peut t'empêcher. — Mais un obstacle extérieur s'y opposera. — Rien ne saurait t'empêcher d'être juste, modéré, réfléchi. — Mais, peut-être, une autre forme de mon activité s'en trouvera entravée ? — Mais en accueillant allégrement cet obstacle et en te reportant de bon cœur à ce qui t'est donné, tu feras place aussitôt à une autre façon d'agir qui s'accordera avec le plan de vie dont il est question.

XXXIII. — Recevoir sans fierté ; perdre avec désintéressement.

XXXIV. — As-tu vu, par hasard, une main amputée, un pied, une tête coupée et gisante à quelque distance du reste du corps. C'est ainsi que se rend, autant qu'il est en lui, celui qui n'acquiesce point à ce qui arrive, qui se retranche du Tout, ou qui agit à l'encontre de l'intérêt commun. Tu t'es rejeté hors de cette union conforme à la nature, car tu naquis en en faisant partie, et voici que tu t'en es toi-même retranché. Mais cependant, et c'est là une chose admirable, tu as la ressource de pouvoir derechef te réunir au Tout. À aucune autre partie Dieu n'a accordé, une fois qu'elle s'en est séparée et coupée, de s'y réunir derechef. Mais examine avec quelle bonté il a honoré l'homme. Il lui a, en effet, accordé le pouvoir de ne point se séparer du tout ; et, s'il s'en détache lui-même, d'y revenir une fois séparé, de s'y rattacher et d'y reprendre sa place de partie.

XXXV. — De même que chaque être raisonnable a reçu presque toutes ses autres qualités de la nature des êtres raisonnables ; de même, nous tenons aussi d'elle cet autre pouvoir. Tout comme elle tourne à son profit, en effet, et soumet à l'ordre du Destin tout ce qui lui fait obstacle, tout ce qui lui résiste, et qu'elle en fait une de ses parties ; de même, l'être raisonnable peut aussi faire de toute entrave une matière à s'édifier lui-même, en tirer profit, quelle qu'ait été son intention première.

XXXVI. — Ne te laisse pas troubler par la représentation de ta vie tout entier. N'embrasse point en pensée quels grands et quels nombreux ennuis devront sans doute t'atteindre. Mais, à chacun des ennuis présents, demande-toi : « Qu'y a-t-il en ce fait d'intolérable et d'insupportable ? » Tu rougirais, en effet, de le confesser. Rappelle-toi ensuite que ce n'est ni le futur, ni le passé qui te sont à charge, mais toujours le présent. Et le présent se raccourcit, si tu le ramènes à ses seules limites et si tu convaincs d'erreur ton intelligence, lorsqu'elle se sent incapable de s'opposer à ce faible ennemi.

XXXVII. — Sont-ils encore aujourd'hui assis auprès du tombeau de Verus, Panthée ou Pergame ? — Quoi donc ? — Chabrias ou Diotime, le sont-ils auprès de celui d'Hadrien ? — Plaisante question ! — Pourquoi ? — S'ils continuaient à y être assis, leurs maîtres s'en apercevraient-ils ? — Pourquoi ? — S'ils s'en apercevaient, s'en réjouiraient-ils ? — Pourquoi ? — Et s'ils s'en réjouissaient, ces serviteurs en seraient-ils immortels ? Le Destin n'avait-il pas ordonné qu'ils deviennent d'abord, eux aussi, des vieilles et des vieux, et qu'ils meurent ensuite ? Et, une fois ceux-ci morts, que pouvaient faire leurs maîtres dans la suite ? Puanteur que tout cela, et sang pourri dans un sac !

XXXVIII. — « Si tu peux voir clair, vois et juge, dit-il, avec le plus de sagesse possible. »

XXXIX. — Dans la constitution d'un être raisonnable, je ne vois pas de force qui puisse entrer en rébellion contre la justice ; mais, contre le plaisir, je vois la tempérance.

XL. — Si tu supprimes ton opinion sur ce qui semble t'affliger, tu te places toi-même dans la position la plus inébranlable. — Qui, toi-même ? — La raison. — Mais je ne suis pas que raison. — Soit ! Que la raison, du moins, ne se chagrine pas elle-même. Mais, si quelque chose en toi vient à souffrir, qu'elle s'en fasse une opinion raisonnable.

XLI. — Un obstacle à la sensation est un mal pour une nature animale ; un obstacle à l'instinct est pareillement un mal pour une nature animale. Et il y a aussi pareillement une autre sorte d'obstacle qui est un mal pour la constitution végétale. Ainsi donc, un obstacle à l'intelligence serait un mal pour une nature intelligente. Applique-toi toutes ces considérations. Une peine, un plaisir te touchent-ils ? Que la sensation y avise ! L'élan de ton instinct rencontre-t-il un obstacle ? Si tu le suis inconsidérément, c'est déjà, en tant que raisonnable, un mal pour ta nature. Mais si tu retiens ton intelligence, tu n'es encore ni lésé ni entravé. Quant aux fonctions propres à ton intelligence, nul autre que toi n'a pour habitude de les entraver. Elle reste inattaquable au feu, au fer, au tyran, à la calomnie, à quoi que ce soit. Lorsqu'elle est devenue une « sphère parfaitement arrondie », elle le demeure.

XLII. — Je ne mérite pas de m'affliger moi-même, car je n'ai jamais volontairement affligé autrui.

XLIII. — Le plaisir de l'un n'est pas le plaisir de l'autre. Le mien, c'est de conserver sain mon principe directeur, de le préserver de toute aversion pour aucun homme et pour aucun des événements qui arrivent aux hommes, mais de l'amener à regarder toutes choses avec des yeux bienveillants, à les accepter et à tirer parti de chacune selon sa valeur.

XLIV. — Veille à favorablement accueillir pour toi-même le temps présent. Ceux qui préfèrent poursuivre une gloire posthume ne prennent pas garde que les hommes d'alors soient tels que sont ceux dont ils sont aujourd'hui excédés, et qu'ils soient aussi mortels. Que t'importe, en somme, que ceux-là te célèbrent par les cris de ceux-ci, ou qu'ils aient de toi une semblable opinion !

XLV. — Prends-moi et jette-moi où tu voudras. Là encore, en effet, je conserverai mon Génie enjoué, c'est-à-dire satisfait, s'il est et s'il agit en accord avec sa propre constitution. — Cela mérite-t-il que mon âme souffre, qu'elle soit amoindrie, avilie, passionnée, submergée, consternée ? Et que trouveras-tu qui vaut ce prix ?

XLVI. — Il ne peut arriver à aucun homme rien qui ne soit un accident humain, ni à un bœuf rien qui n'est accidentel au bœuf, ni à la vigne rien qui ne soit accidentel à la vigne, ni à la pierre rien qui ne soit particulier à la pierre. Si donc il n'arrive à chaque être que ce qui coïncide avec sa façon d'être et sa propre nature, pourquoi t'impatienterais-tu ? La commune nature ne t'a rien apporté d'insupportable.

XLVII. — Si tu t'affliges pour une cause extérieure, ce n'est pas elle qui t'importune, c'est le jugement que tu portes sur elle. Or, ce jugement, il dépend de toi de l'effacer à l'instant. Mais, si tu t'affliges pour une cause émanant de ta disposition personnelle, qui t'empêche de rectifier ta pensée ? De même, si tu t'affliges parce que tu ne fais pas une action qui te paraît saine, pourquoi ne la fais-tu pas plutôt que de t'affliger ? — Mais quelque obstacle insurmontable m'empêche. — Ne t'afflige donc pas, puisque ce n'est point par ta faute que tu ne la fais point. — Mais il est indigne de vivre, si je ne l'exécute pas. — Sors donc de la vie, l'âme bienveillante, à la façon de celui qui meurt en exécutant ce qu'il veut, mais sois en même temps indulgent aux obstacles.

XLVIII. — Souviens-toi que ton principe directeur devient inexpugnable, lorsque, rassemblé sur lui-même, il se contente de ne pas faire ce qu'il ne veut pas, même si la résistance est irraisonnée. Que sera-ce donc lorsqu'il se prononcera sur un objet avec raison et mûr examen ! Voilà pourquoi c'est une citadelle que l'intelligence libérée des passions. L'homme n'a pas de position plus solide où se réfugier et rester désormais imprenable. Qui ne l'a point découverte est un ignorant, et qui l'a découverte, sans s'y réfugier, est un malheureux.

XLIX. — Ne dis rien de plus à toi-même que ce que directement t'annoncent les représentations. On t'annonce qu'un tel indignement dit du mal de toi. On annonce cela ; mais qu'il t'ait nui, on ne l'annonce pas. — Je vois que mon enfant est malade. Je le vois ; mais qu'il soit en danger, je ne le vois pas. Ainsi donc, restes-en toujours aux représentations immédiates ; n'y ajoute rien au dedans de toi-même, et rien de plus ne t'arrivera. Ou plutôt, ajoutes-y ce que pense un homme averti de chacune des conjonctures qui dans le monde surviennent.

L. — Ce concombre est amer ; jette-le. Il y a des ronces dans le chemin ; évite-les. Cela suffit. N'ajoute pas : « Pourquoi cela existe-t-il dans le monde ? » Tu prêterais à rire à l'homme qui étudie la nature, comme tu prêterais à rire au menuisier et au cordonnier, si tu leur reprochais que tu 'voies dans leurs boutiques des copeaux et des rognures tombées de leurs ouvrages. Toutefois, ces artisans ont un réduit où les jeter, et la nature universelle n'a rien en dehors d'elle. Mais l'admirable de son industrie, c'est que, s'étant circonscrite en elle-même, elle transforme en elle-même tout ce qui en elle semble se corrompre, vieillir, devenir inutile, et que, de cela même, elle en fait derechef d'autres choses nouvelles. De cette sorte, elle ne se sert point de matière étrangère, et n'a pas besoin de réduit où jeter ces détritus. Elle se contente du lieu qu'elle a, de la matière qui est sienne, et de l'art qui lui est propre.

LI. — Dans tes actions, ne sois point nonchalant ; clans tes conversations, ne sois pas brouillon ; dans tes pensées, ne t'égare pas ; en ton âme, en un mot, ne te contracte pas, ne t'en évade pas, et ne passe pas ta vie dans les tracas. Ils tuent, ils dépècent, ils poursuivent sous des malédictions ! En quoi tout ceci peut-il empêcher ta pensée d'être pure, sage, modérée, juste ? C'est comme si quelqu'un passant auprès d'une source claire et douce l'injuriait. Elle ne cesserait pas de faire jaillir une eau bonne à boire. Et si même il y jetait de la boue, du fumier, elle aurait vite fait de les disperser, de les monder, et n'en resterait aucunement souillée. Comment auras-tu donc en toi une source intarissable, et non un puits ? En te haussant à toute heure vers l'indépendance, avec bienveillance, simplicité, modestie.

LII. — Celui qui ne sait pas ce qu'est le monde ne sait pas où il est. Celui qui ne sait pas pourquoi il est né ne sait pas ce qu'il n'est ni ce qu'est le monde. Mais celui qui a négligé une seule de ces questions n'est pas même en état de dire pourquoi il est né. Que te semble-t-il donc de celui qui fuit le blâme ou recherche l'éloge de ces braillards qui ne savent pas où ils ne sont ni ce qu'ils sont ?

LIII. — Tu veux être loué par un homme qui, trois fois par heure, se maudit lui-même ? Tu veux plaire à un homme qui ne se plaît pas à lui-même ? Se plaît-il à lui-même, l'homme qui se repent de presque tout ce qu'il a fait ?

LIV. — Ne te borne pas seulement à respirer avec l'air qui t'environne, mais à penser désormais avec l'intelligence qui environne tout. La force intelligente, en effet, n'est pas moins répandue partout, et ne s'insinue pas moins, en tout être capable de s'en pénétrer, que l'air en tout être qui peut le respirer.

LV. — Le vice, d'une façon générale, ne nuit en rien au monde. Pris en particulier, il ne nuit à nul autre, et n'est nuisible qu'à celui-là seul auquel il a été donné de s'en débarrasser, aussitôt qu'il voudra.

LVI. — A mon libre choix, la liberté de choix de mon prochain est aussi indifférente que peuvent l'être et son souffle et sa chair. Si nous avons été créés le plus possible les uns pour les autres, le principe directeur de chacun de nous n'en possède pas moins sa propre indépendance. S'il en était autrement, le vice d'autrui deviendrait mon mal. Mais Dieu ne l'a pas voulu, afin qu'il ne fût pas au pouvoir d'un autre de causer mon malheur.

LVII. — Le soleil semble se répandre, et, en vérité, il se répand partout, mais ne se tarit pas. Cette diffusion, en effet, n'est qu'une extension. Les rayons s'appellent aktinès, du verbe ekteinesthai, s'étendre. Or, ce que c'est qu'un rayon, tu peux le voir si tu observes la lumière du soleil pénétrer par une fente dans une pièce obscure. Elle s'étend en ligne droite et se plaque en quelque sorte sur le solide qu'elle rencontre et qui la sépare de l'air qui vient après. C'est là qu'elle s'arrête, sans glisser, sans tomber. C'est ainsi que l'intelligence doit se répandre et s'épancher, sans se tarir, mais en s'étendant, sans venir heurter avec violence et impétuosité contre les obstacles qu'elle rencontre, sans tomber, mais s'arrêter sur l'objet qui la reçoit et l'éclairer. L'objet, eu effet, qui ne la recevrait point, se priverait lui-même de clarté.

LVIII. — Celui qui craint la mort craint de n'avoir plus aucun sentiment, ou d'éprouver d'autres sentiments. Mais, s'il n'y a plus aucun sentiment, tu ne sentiras aucun mal. Et si tu acquiers d'autres sentiments, tu seras un être différent, et tu n'auras pas cessé de vivre.

LIX. — Les hommes sont faits les uns pour les autres ; instruis-les donc ou supporte-les.

LX. — Autre est le mouvement de la flèche, autre celui de l'esprit. L'esprit toutefois, lorsqu'il est sur ses gardes et qu'il se porte autour d'une considération, va en droite ligne non moins que la flèche, et au but proposé.

LXI. — Pénètre dans l'âme qui dirige chacun, et laisse tout autre pénétrer aussi dans ton âme à toi.

Partie 9

I. — L'injuste est impie. La nature universelle, en effet, ayant constitué les êtres raisonnables les uns pour les autres, afin qu'ils s'aident les uns les autres selon leur pouvoir, qu'ils ne se nuisent en aucune façon, l'homme qui transgresse cette volonté se montre évidemment impie envers la plus auguste des divinités.

Le menteur aussi est impie, à l'égard de cette même divinité. La nature universelle, en effet, est la mère des êtres véritables, et les êtres véritables sont apparentés à tous les êtres donnés. De plus, cette divinité est encore appelée Vérité et Cause première de toutes les vérités. L'homme qui ment volontairement est donc impie, puisqu'il commet, en trompant, une injustice. Et celui qui ment involontairement l'est aussi, puisqu'il est en désaccord avec la nature universelle et puisqu'il trouble l'ordre en s'insurgeant contre la nature du monde. Car il s'insurge contre lui l'homme qui se porte, même malgré lui, à ce qui est contraire à la vérité. Il avait reçu de la nature, en effet, des directives qu'il a négligées, et il est maintenant incapable de discerner le vrai du faux.

En outre, celui qui poursuit les plaisirs comme des biens et qui fuit les douleurs comme des maux est impie. Il est inévitable, en effet, qu'un tel homme en vienne à reprocher fréquemment à la commune nature de faire le partage entre les bons et les méchants sans tenir compte du mérite, car il arrive fréquemment que les méchants vivent dans les plaisirs et sont en possession de tout ce qui les procure, et que les bons tombent dans la peine et dans ce qui la cause. — En outre, celui qui craint les douleurs craindra aussi un jour quelqu'un des événements qui doivent arriver dans le monde, et c'est déjà une impiété. Quant à celui qui poursuit les plaisirs, il ne pourra pas s'abstenir des plaisirs, et cela est aussi une impiété manifeste. Il faut donc à l'égard des choses pour lesquelles la commune nature est indifférente — car elle n'aurait pas créé indifféremment les unes et les autres, si elle n'était indifférente aux unes comme aux autres — il faut, dis-je, que ceux qui veulent suivre la nature et vivre en accord avec la nature soient à leur égard indifférent. En conséquence, quiconque ne reste pas lui-même indifférent à la douleur et au plaisir, à la mort et à la vie, à la célébrité et à l'obscurité, choses dont use indifféremment la nature universelle, commet de toute évidence une impiété. Je dis que la commune nature use indifféremment de ces accidents pour énoncer qu'ils arrivent indifféremment, par enchaînement successif, aux êtres qui naissent et à ceux qui les suivent, en vertu d'une initiative originelle de la Providence, selon laquelle, à partir d'un certain point d'origine, elle aurait pris l'initiative de l'organisation actuelle du monde, arrêtant certaines lois concernant les choses à venir et déterminant les forces qui devaient engendrer les réalités, les transformations et les successions auxquelles nous assistons.

II. — Il serait plus digne d'un honnête homme de sortir du milieu des hommes sans avoir connu le goût du mensonge, de toute espèce de fausseté, d'arrogance et d'orgueil. Mais expirer avec le dégoût de ces vices, c'est avoir tout au moins navigué en changeant de manœuvre. Préfères-tu t'obstiner dans ta perversité, et l'expérience ne te persuade-t-elle point encore de fuir cette peste ? Car c'est une peste que la corruption de l'intelligence, et beaucoup plus pernicieuse que telles infection et altération de l'air qui nous entoure. Cette peste-ci, en effet, s'attaque aux animaux en tant qu'animaux ; mais cette peste-là s'en prend aux hommes en tant qu'hommes.

III. — Ne méprise pas la mort, mais fais-lui bon accueil, comme étant une des choses voulues par la nature. Ce que sont en effet la jeunesse, la vieillesse, la croissance, la maturité, l'apparition des dents, de la barbe et des cheveux blancs, la fécondation, la grossesse, l'enfantement et toutes les autres activités naturelles qu'amènent les saisons de ta vie, telle est aussi ta propre dissolution. Il est donc d'un homme réfléchi de ne pas, en face de la mort, se comporter avec hostilité, véhémence et dédain, mais de l'attendre comme une action naturelle. Et, de la même façon que tu attends aujourd'hui l'instant où l'enfant qu'elle porte sortira du ventre de ta femme, tu dois semblablement attendre l'heure où ton âme se détachera de son enveloppe.

Et si tu veux encore un précepte tout simple, qui te touche le cœur et te rends accommodant entre tous à l'égard de la mort : porte ton attention sur les choses dont tu vas te séparer et sur les mœurs auxquelles ton âme ne sera plus mêlée. Il ne faut pas pourtant se buter contre les hommes, mais leur marquer de l'intérêt et les supporter avec douceur, sans oublier toutefois que la mort te délivrera des hommes qui n'ont pas les mêmes principes que toi. La seule chose, en effet, s'il en est une, qui pourrait te rattacher à la vie et t'y retenir, c'est qu'il te fût permis de vivre avec des hommes qui auraient en honneur les mêmes principes que toi. Mais tu vois bien, maintenant, quelle lassitude occasionne le désaccord dans l'existence commune, au point de te faire dire « Hâte-toi, ô mort, de peur que par hasard, moi aussi, je ne m'oublie moi-même. »

IV. — Celui qui pèche, pèche contre lui-même ; celui qui est injuste se fait tort à lui-même en se rendant lui-même méchant.

V. — On est souvent injuste par omission, et non pas seulement par action.

VI. — Il suffit que l'opinion présente soit convaincante, que l'action présente soit utile à la communauté, et que la disposition présente soit accueillante à tout ce qui provient de la cause extérieure.

VII. — Effacer ce qui est imagination ; réprimer l'impulsion ; éteindre le désir ; rester maître de sa faculté directive.

VIII. — Une est l'âme qui est répartie entre les animaux dépourvus de raison ; une est aussi l'âme qui est partagée entre les êtres doués de raison, comme une est la terre pour tout ce qui naît de la terre, une la lumière en laquelle nous voyons, un l'air que nous aspirons avec tous ceux qui voient et tous ceux qui respirent.

IX. — Tous les êtres qui ont part à quelque chose de commun recherchent ce qui leur est semblable. Tout ce qui est terreux incline vers la terre, tout ce qui est liquide tend à se déverser, tout souffle agit de même, de sorte qu'il faut, pour les séparer, opposer des obstacles et user de violence. Le feu qui monte par la vertu du feu élémentaire est à tel point disposé à flamber avec tout feu d'ici-bas, que toute matière, pour peu qu'elle soit plus sèche, est facilement inflammable, parce qu'elle est moins mélangée de tout ce qui peut empêcher son inflammation. Ainsi donc tout être qui participe de la commune nature intelligente s'efforce de rejoindre ce qui lui est apparenté, et davantage encore. En effet, plus un être est supérieur aux autres, plus il est prêt à se mêler et à se fondre avec ce qui lui est apparenté.

De là vient précisément qu'on découvre, chez les êtres dépourvus de raison, des essaims, des troupeaux, des nichées, et comme des amours. C'est qu'en eux, en effet, il y a déjà des âmes, et que l'instinct social se révèle intense en ces êtres supérieurs, alors qu'il n'est ni entre les plantes, ni entre les pierres ou les pièces de bois. Chez les êtres doués de raison, on observe des gouvernements, des amitiés, des familles, des réunions, et, en cas de guerre, des conventions et des trêves. Et chez les êtres d'une supériorité encore plus affirmée, même s'ils sont distants, il se forme une espèce d'union, comme entre les astres. Semblablement, l'effort pour s'élever vers ce qui leur est supérieur peut engendrer la sympathie, même entre des êtres que la distance sépare.

Or, rends-toi compte de ce qui présentement arrive, seuls, en effet, les êtres raisonnables oublient présentement cet empressement et cette inclination des uns envers les autres, et c'est là le seul cas où ne s'observe plus cette commune attirance. Mais ils ont beau fuir, ils seront repris, car la nature est la plus forte. Tu le verras bien, si tu fais attention à ce que je dis. Tu aurais plus vite fait de trouver un objet terrestre sans contact terrestre, qu'un homme qui soit isolé de l'homme.

X. — Tout porte son fruit, l'homme, Dieu et le Monde, et chacun le porte en sa saison propre. Quoique l'usage n'applique couramment ce mot qu'à la vigne et aux autres végétaux analogues, cela n'importe pas. La raison a un fruit à la fois collectif et particulier ; de ce fruit en naissent d'autres semblables, de même nature que la raison même.

XI. — Si tu le peux, dissuade-les ; si tu ne le peux pas, souviens-toi que la bienveillance t'a été donnée pour ce cas. Les Dieux eux-mêmes sont bienveillants aux gens de cette sorte ; maintes fois même ils les aident à obtenir la santé, la richesse et la gloire, tant ils sont bons ! Cela t'est possible, à toi aussi ; ou bien alors, dis-moi qui t'en empêche ?

XII. — Travaille, non comme un misérable ni comme un homme qui veut se faire plaindre ou admirer, mais soumets uniquement ta volonté à ceci : à se mouvoir et à se contenir comme le juge à propos la raison de la cité.

XIII. — Aujourd'hui, je suis sorti de tout embarras, ou plutôt j'ai désavoué tout embarras, car il n'était pas hors de moi, mais en moi, dans mes opinions.

XIV. — Tout est rendu coutumier par l'expérience, éphémère par le temps, vil par sa matière. Tout se passe aujourd'hui comme au temps de ceux que nous avons mis au tombeau.

XV. — Les choses restent hors des portes de l'âme, limitées en elles-mêmes, ne sachant rien sur elles-mêmes et ne déclarant rien. Qu'est-ce donc qui sur elles déclare ? Le principe directeur.

XVI. — Ce n'est pas dans ce qu'il éprouve, mais dans ce qu'il accomplit que se trouvent le bien et le mal d'un être raisonnable et social, tout comme la vertu et le vice ne sont pas pour lui dans ce qu'il subit, mais dans ce qu'il accomplit.

XVII. — Pour une pierre lancée en l'air, ce n'est pas un mal que de retomber, ce n'est pas un bien que de remonter.

XVIII. — Pénètre à l'intérieur, jusqu'à leur faculté directrice, et tu verras quels juges tu redoutes, et pour eux-mêmes, quels juges ils sont.

XIX. — Tout est en cours de transformation. Toi-même aussi tu es en état de transformation continue et, à certains égards, de dissolution ; de même pour l'univers entier.

XX. — La faute d'un autre, il faut la laisser où elle est.

XXI. — La cessation d'une activité, le repos et comme la mort d'une impulsion, d'une opinion, ne sont pas un mal. Passe maintenant aux périodes de l'âge telles que l'enfance, l'adolescence, la jeunesse, la vieillesse ; là aussi, toute transformation est une mort. Est-ce terrible ? Passe maintenant à la vie que tu as menée auprès de ton grand-père, puis auprès de ta mère, puis auprès de ton père. Et, trouvant bien d'autres dissolutions, transformations et cessations, demande-toi : est-ce terrible ? Ainsi donc, il n'en ira point autrement de la cessation, du repos et de la transformation de ta vie tout entière.

XXII. — Cours auprès de la faculté directrice, de celle du Tout, de celle de cet homme : auprès de la tienne, afin que tu t'en fasses un esprit de justice ; de celle du Tout, afin de te remémorer de quel ensemble tu fais partie ; de celle de cet homme, afin de savoir s'il est ignorance ou jugement réfléchi, et de penser en même temps qu'il t'est apparenté.

XXIII. — De la même façon que tu es un complément de l'organisme social, que chacune de tes actions soit un complément de la vie collective. Toute action donc qui ne se rapporterait pas, soit de près, soit de loin, à une fin commune, désorganise la vie de la cité, ne lui permet pas d'être une et revêt un caractère séditieux, tout comme un citoyen qui, dans un groupe, fait bande à part et se sépare de la concorde requise.

XXIV. — Colères et jeux d'enfants, « frêles âmes soulevant des cadavres » : voilà pour rendre plus claire l'Évocation des Morts.

XXV. — Remonte au caractère de la forme, considère-la en te la représentant dépouillée de matière ; puis, détermine aussi le temps que doit, au plus, normalement durer ce caractère particularisé.

XXVI. — Tu as enduré mille maux, parce que tu ne t'es point contenté de ce que ta faculté directrice se conformât au rôle pour lequel elle a été constituée. Mais c'en est assez !

XXVII. — Lorsqu'on te blâme ou qu'on te prend en haine, ou que des hommes contre toi manifestent de tels sentiments, tourne-toi vers leurs âmes, pénètre à l'intérieur et vois ce qu'ils sont. Tu verras qu'il ne faut pas te tourmenter pour les amener à se faire quelque opinion sur toi. Il faut pourtant leur être bienveillant, car par nature ce sont des amis. Les Dieux eux-mêmes viennent à leur aide de toute façon, par des songes, par des oracles, pour que ces hommes obtiennent cependant les biens dont ils s'inquiètent.

XXVIII. — Les cycles du monde sont toujours pareils, en haut comme en bas, d'un siècle à un autre. Ou bien l'Intelligence universelle fait à chaque instant acte d'initiative ; accepte alors l'initiative qu'elle donne. Ou bien, elle n'a pris qu'une fois pour toutes l'initiative, et tout le reste en découle par voie de conséquence... Bref, s'il y a un Dieu, tout est pour le mieux. Mais si tout marche au hasard, ne te laisse pas toi-même aller au hasard.

Bientôt la terre nous recouvrira tous. Ensuite cette terre se transformera, et celle qui lui succédera, à l'infini se transformera, et de nouveau à l'infini changera la terre qui en naîtra. En considérant les agitations de ces vagues de changements et de transformations et leur rapidité, on méprisera tout ce qui est mortel.

XXIX. — La cause universelle agit comme un torrent ; elle entraîne tout. Quels êtres vulgaires que ces petits hommes qui jouent les politiques et s'imaginent agir en philosophes ! Ils sont pleins de morve. O homme, que fais-tu ? Fais ce que ta nature présentement exige. Décide-toi, si tu le peux, et ne regarde pas si on te verra. Ne t'attends pas à la république de Platon, mais sois satisfait du plus petit progrès, et ce résultat ne le considère pas comme petite chose. Car qui pourrait changer les principes des hommes ? Et, sans changer leurs principes, que leur reste-t-il, sinon le joug qui pèse sur des esclaves qui gémissent et font semblant d'obéir ? Va maintenant et cite-moi Alexandre, Philippe, Démétrius de Phalère. Je les suivrai, s'ils ont su discerner ce que veut la commune nature et s'ils se sont éduqués eux-mêmes. Mais, s'ils ont joué la tragédie, personne ne me condamne à les imiter. Simple et modeste est l'œuvre de la philosophie. Ne m'entraîne pas à l'orgueil de la solennité.

XXX. — Contemple de haut ces milliers de troupeaux, ces milliers de cérémonies, ces traversées de toute sorte dans la tempête ou dans le calme, ces variétés d'êtres qui naissent, vivent ensemble et disparaissent. Songe aussi à la vie que d'autres menaient autrefois, à celle qui sera vécue après toi, et à celle qui se vit présentement chez les peuples barbares.

Combien d'hommes ne savent pas ton nom ; combien l'auront vite oublié ; combien qui te loue peut-être maintenant, bientôt te vilipendera ! Et comme le souvenir, et comme la gloire, et comme enfin toute autre chose ne vaut pas la peine d'en parler !

XXXI. — Impassibilité à l'égard des événements qui arrivent du fait de la cause extérieure ; justice dans les actions dont la cause provient de toi, c'est-à-dire faire aboutir impulsions et actions au bien commun, étant donné qu'agir ainsi est pour toi conforme à la nature.

XXXII. — Tu peux supprimer bien des sujets pour toi de trouble superflu et qui n'existent tous qu'en ton opinion. Et tu t'ouvriras un immense champ libre, si tu embrasses par la pensée le monde tout entier, si tu réfléchis à l'éternelle durée, si tu médites sur la rapide transformation de chaque chose prise en particulier, combien est court le temps qui sépare la naissance de la dissolution, l'infini qui précéda la naissance comme aussi l'infini qui suivra la dissolution !

XXXIII. — Tout ce que tu vois sera bientôt détruit, et tous ceux qui assistent à cette dissolution seront bientôt détruits, et celui qui meurt dans l'extrême vieillesse sera réduit au même point que celui dont la mort fut prématurée.

XXXIV. — Quels principes de direction sont les leurs ? Et vers quel but tendent-ils, et pour quels motifs aiment-ils et respectent-ils ? Accoutume-toi à regarder à nu leurs petites âmes. Lorsqu'ils s'imaginent te nuire en te blâmant ou te servir en te louant, quelle présomption !

XXXV. — La perte de la vie n'est pas autre chose qu'une transformation. Tel est ce qui plaît à la nature universelle, et c'est selon ses plans que tout se fait à propos que tout, depuis l'éternité, semblablement se produit et se reproduira sous d'autres formes semblables à l'infini. Pourquoi donc dis-tu que toutes choses ont été mal produites, que toutes choses toujours se reproduiront mal, qu'aucune puissance, parmi tant de Dieux, ne s'est jamais trouvée capable d'y porter remède, mais que le monde est condamné à être soumis à des maux ininterrompus !

XXXVI. — La décomposition de la matière qui fait le fond de chaque être donne de l'eau, des cendres, des os, une puanteur. Les marbres sont aussi des callosités de la terre ; l'or, l'argent, des sédiments ; les vêtements, des poils ; la pourpre, du sang, et ainsi de tout le reste. Le souffle aussi est du même genre, il passe d'un être à l'autre.

XXXVII — Assez de cette vie misérable, de grogneries, de singeries ! Pourquoi te troubler ? Qu'y a-t-il là de nouveau ? Qu'est-ce qui te met hors de toi ? La forme ? Examine-la. La matière ? Examine-la. Hors de cela il n'y a plus rien. Mais, regardant vers les Dieux, rends-toi désormais plus simple et meilleur.

Cela revient au même d'avoir observé les choses de ce monde cent ans durant ou pendant trois ans.

XXXVIII. — S'il a fauté, c'est chez lui qu'est le mal. Mais peut-être n'a-t-il point fauté ?

XXXIX. — Ou bien, tout provient, comme pour un corps unique, d'une seule source intelligente, et il ne faut pas que la partie se plaigne de ce qui arrive dans l'intérêt du Tout. Ou bien, il n'y a que des atomes et rien autre que confusion et dispersion. Pourquoi donc te troubler ? Dis à ta faculté directrice : « Tu es morte, tu es anéantie, tu es réduite à l'état de brute, tu fais partie d'un troupeau, tu broutes. »

XL. — Ou les Dieux n'ont aucun pouvoir, ou ils ont un pouvoir. S'ils n'ont aucun pouvoir, pourquoi pries-tu ? Mais s'ils ont un pouvoir, pourquoi ne les pries-tu pas de te donner de ne rien avoir à craindre des choses de ce monde, de n'en désirer aucune et de ne jamais t'affliger pour aucune, au lieu de leur demander que telle chose t'advienne ou ne t'advienne pas ? Si les Dieux, en effet, peuvent de toute façon assister les hommes, ils peuvent bien aussi les assister en cela. Mais peut-être diras-tu « Les Dieux ont mis ces choses en mon pouvoir. » Alors, ne vaut-il pas mieux user avec liberté de ce qui est en ton pouvoir, que de te porter, avec servitude et avilissement, vers ce qui ne l'est pas ? Et qui t'a dit que les Dieux ne nous aident point aussi dans les choses qui dépendent de nous ? Commence donc par les en prier, et tu verras.

Cet homme demande : « Puissé-je dormir avec cette femme ! » Toi, dis plutôt : « Puissé-je ne pas désirer de dormir avec cette femme ! » Cet autre « Puissé-je être débarrassé de ce souci ! » Toi : « Puissé-je n'avoir pas besoin d'en être débarrassé ! » Un autre : « Puissé-je ne pas perdre mon enfant ! » Toi : « Puissé-je ne pas être affligé de le perdre ! » Bref, retourne ainsi tes prières, et vois ce qui arrive.

XLI. — Épicure dit : « Dans ma maladie, mes entretiens ne portaient jamais sur les souffrances de mon pauvre corps ; je n'en parlais jamais — ajoute-t-il — à ceux qui venaient me voir. Mais je continuais à m'occuper des principes ayant trait aux questions naturelles, cherchant surtout à savoir comment la pensée, tout en se ressentant des commotions du corps, reste exemple de trouble et conserve le bien qui lui est propre. Je ne fournissais pas non plus aux médecins - dit-il - une occasion de se flatter d'un résultat, et ma vie s'écoulait heureuse et digne. »

Que ces mêmes pensées soient les tiennes dans la maladie, s'il t'advient d'être malade, et dans toute autre circonstance. Car, ne pas se départir de la philosophie, quels que soient les événements qui surviennent, ne pas se mêler, quand on s'occupe d'étudier la nature, aux bavardages des ignorants est un précepte commun à toutes les écoles, comme celui encore de s'en tenir uniquement à ce qu'on fait dans le moment présent et à l'instrument usité pour le faire.

XLII. — Lorsque tu es offensé par l'impudence d'un homme, demande-toi aussitôt : « Se peut-il donc qu'il n'y ait pas d'impudents dans le monde ? » Cela ne se peut pas. Ne réclame donc pas l'impossible, puisque cet homme est l'un de ces impudents qui nécessairement se trouvent dans le monde. Sois prêt à te poser la même question devant un scélérat, un fourbe ou tout autre coupable. En te rappelant, en effet, qu'il est impossible qu'il n'existe pas des gens de cette sorte, tu deviendras plus indulgent pour chacun d'eux.

Il est utile encore de songer aussitôt à la vertu que la nature a donnée à l'homme pour remédier au vice que tu découvres. Comme antidote, en effet, contre l'ingratitude, elle a donné, la bonté, et contre un autre défaut, une autre perfection. Et, somme toute, il t'est toujours loisible de ramener celui qui s'égare, car tout homme qui commet une faute s'écarte du but et s'égare.

Et puis, en quoi t'a-t-il lésé ? Car tu ne trouveras pas un seul de ces hommes contre lesquels tu t'exacerbes, qui ait pu te causer un dommage tel que ton âme en eût été rendue pire, et pour toi le mal et le dommage n'ont leur absolue consistance que là. Est-ce donc un malheur ou une étrangeté qu'un ignorant fasse acte d'ignorant ? Examine si tu ne dois pas plutôt t'accuser toi-même de n'avoir point prévu que cet homme commettrait cette faute. Ta raison, en effet, te fournissait des motifs de penser qu'il était vraisemblable que cet homme commettrait cette faute, et cependant, pour l'avoir oublié, tu t'étonnes de ce qu'il l'ait commise !

C'est surtout lorsque tu reproches à un homme sa déloyauté ou son ingratitude qu'il faut faire ce retour sur toi-même. Car c'est ta faute évidemment, si tu as présumé qu'un homme de ce caractère garderait sa foi, ou si, en lui rendant service, tu ne l'as point obligé sans réserve ni de façon à retirer aussitôt de ton action même tout son fruit.

Qu'exiges-tu de plus, si tu as fait du bien à quelqu'un ? Ne te suffit-il pas d'avoir agi selon ta nature, mais cherches-tu encore à en être payé ? C'est comme si l'œil exigeait une récompense pour voir, et les pieds pour marcher.

De la même façon, en effet, que ces membres ont été faits pour une fonction déterminée et qu'en agissant selon leur propre constitution ils remplissent le rôle qui leur est particulier, de même l'homme, né pour la bienfaisance, lorsqu'il accomplit quelque action bienfaisante, ou simplement s'il aide son prochain en des choses ordinaires, agit conformément à sa constitution et atteint sa fin propre.

Partie 10

I. — Seras-tu donc un jour, ô mon âme, bonne, simple, une, nue et plus apparente que le corps qui t'entoure ? Seras-tu donc un jour à même de goûter la disposition qui te porte à aimer et à chérir ? Seras-tu donc un jour satisfait, sans besoin, sans désir, sans avoir à attendre ton plaisir de ce qui est animé ou inanimé ; sans avoir, pour le faire durer davantage, à attendre ton plaisir du temps, d'un lieu, d'une contrée, d'un air plus favorable, et d'un meilleur accord entre les hommes ? Mais, te contenteras-tu de ta condition présente, te réjouiras-tu de tout ce qui présentement t'arrive, te persuaderas-tu que tout est bien pour toi, que tout te vient des Dieux, et tout ce qu'il leur plaît de t'envoyer, et tout ce qu'ils auront à t'assigner pour le salut de l'être parfait, bon, juste, beau, qui engendre tout, retient tout, contient et comprend tout ce qui se dissout pour donner naissance à d'autres choses semblables ? Seras-tu donc un jour telle que tu puisses vivre dans la société des Dieux et des hommes sans te plaindre d'eux ni sans leur donner sujet de t'accuser ?

II. — Observe ce que réclame ta nature, en tant que tu es gouverné par la seule nature. Puis passe à l'acte requis, risque-le, à moins que ta nature, en tant qu'être animé n'en doit être altérée. Il faut ensuite te demander ce que ta nature, en tant qu'être animé, exige de toi, et totalement t'y conformer, à moins que ta nature, en tant qu'être raisonnable, n'en doive être altérée. Or, qui dit raisonnable dit par là même sociable. Applique ces règles et ne t'inquiète plus de rien.

III. — Tout ce qui arrive, ou bien arrive de telle sorte que tu peux naturellement le supporter, ou bien que tu ne puisses pas naturellement le supporter. Si donc il t'arrive ce que tu peux naturellement supporter, ne maugrée pas ; mais, autant que tu en sois naturellement capable, supporte-le. Mais s'il t'arrive ce que tu ne peux pas naturellement supporter, ne maugrée pas, car cela passera en se dissolvant. Souviens-toi cependant que tu peux naturellement supporter tout ce que ton opinion est à même de rendre supportable et tolérable, si tu te représentes qu'il soit de ton intérêt ou de ton devoir d'en décider ainsi.

IV. — S'il se trompe, instruis-le avec bienveillance et montre-lui sa méprise. Mais, si tu ne le peux pas, n'en accuse que toi, ou pas même toi.

V. — Quoique soit ce qui t'arrive, cela t'était préparé de toute éternité, et l'enchaînement des causes avait filé ensemble pour toujours et ta substance et cet accident.

VI. — Qu'il y ait des atomes, qu'il y ait une nature, il faut d'abord admettre que je suis partie du Tout que régit la nature ; puis, que je suis en quelque sorte apparenté aux parties qui me sont semblables. Si je me souviens, en effet, de ces constatations, en tant que je suis partie, je ne m'indisposerai contre rien de ce que le Tout m'attribue, car la partie ne saurait être lésée par rien de ce qui est profitable au Tout, et il n'y a rien dans le Tout qui ne contribue au bien de l'ensemble. Toutes les natures ont cela de commun ; mais la nature du monde comporte aussi le privilège de n'être contrainte, par aucune cause extérieure, à engendrer ce qui pourrait lui être dommageable. En me souvenant que je suis parti d'un tel Tout, je serai content de tout ce qui arrive.

D'autre part, en tant que je suis comme apparenté aux parties qui me sont semblables, je ne ferai rien de nuisible à la communauté, mais je m'inquiéterai plutôt de mes semblables, je dirigerai toute mon activité vers le bien commun et la détournerai de ce qui lui est contraire. Ces instructions étant ainsi parfaites, il s'en suivra, de toute nécessité, que ma vie aura un cours heureux, tout comme tu estimerais d'un cours heureux la vie d'un citoyen qui la passerait en actions utiles à ses concitoyens, et qui chérirait tout ce que la cité lui répartirait.

VII. — Toutes les parties du Tout, toutes celles, veux-je dire, qui se trouvent comprises dans le monde, nécessairement périront. Mais qu'on entende ce périront dans le sens de se rendront différentes.

Si j'affirme que c'est là pour elles un mal et une nécessité, ce Tout ne saurait être alors bien ordonné, puisque ses parties tendraient à s'altérer et se trouveraient préparées à périr par des moyens différents. La nature, en effet, aurait-elle entrepris de gâter elle-même ses propres parties, de les rendre susceptibles de tomber dans le mal et de les y faire inévitablement tomber ; ou bien, est-ce à son insu qu'il en va de la sorte ? L'un et l'autre sont invraisemblables.

Mais si quelqu'un, laissant de côté la nature, donnait pour explication que les choses ont été ainsi constituées, il serait ridicule d'affirmer que les parties du Tout sont faites pour se transformer et de s'en étonner en même temps comme d'un accident contraire à la nature, ou bien de s'en fâcher, surtout quand une dissolution libère les mêmes éléments dont fut formé chaque être. Ou bien, en effet, c'est une dispersion des éléments dont il fut constitué, ou bien c'est un retour de ce qui est solide à la terre, de ce qui est souffle à l'air, de telle sorte que ces éléments sont repris, eux aussi, dans la raison du Tout, soit que le Tout soit périodiquement consumé par le feu, soit qu'il se renouvelle par de perpétuelles transformations. Quant aux éléments de nature aérienne ou solide, ne t'imagine pas que ce sont ceux de la prime naissance ; ils découlent tous, en effet, des aliments pris et de l'air qui fut respiré hier et avant-hier. C'est donc ce qu'un être a gagné, qui se transforme, et non ce que sa mère enfanta. Suppose même que ces éléments acquis te rattachent avec force à ce que tu es proprement, il n'y a rien là, ce me semble, qui contredit à ce que je viens de dire.

VIII. — Lorsque tu te seras nommé homme de bien, réservé, véridique, prudent, résigné, magnanime, fais attention à ne pas avoir à te nommer autrement ; et, si tu viens à perdre ces noms, reviens vite vers eux. Souviens-toi que prudent signifiait pour toi l'attention méthodique et soigneuse que tu devais porter à chaque chose ; résigné, l'acquiescement volontaire à tout ce que peut te donner en partage la commune nature ; magnanime, la prééminence de la partie raisonnable sur les émotions douces ou rudes de la chair, sur la gloriole, la mort et toutes choses semblables. Si donc tu t'attaches toi-même à conserver ces noms, sans désirer que les autres te les décernent, tu seras un homme nouveau et tu entreras dans une vie nouvelle, car rester le même que tu as été jusqu'ici, persister à être, dans une semblable vie, déchirée et salie, c'est le fait d'un être trop grossier, trop attaché à la vie et tout pareil à ces belluaires à demi dévorés, qui, couverts de blessures et de sang mêlé de boue, demandent pourtant à être conservés pour le lendemain, afin d'être exposés, dans le même état, aux mêmes griffes et aux mêmes morsures.

Embarque-toi donc sur ces quelques noms ; et, si tu peux demeurer sur eux, restes-y comme si tu étais transporté vers certaines îles des Bienheureux. Mais si tu sens que tu échoues et que tu n'es plus le maître, gagne courageusement quelque coin où tu puisses reprendre l'avantage ; ou bien, sors définitivement de la vie, sans colère, mais simplement, librement, modestement. Tu auras du moins, une fois en ta vie, fait une bonne chose en sortir ainsi.

Toutefois, pour t'aider à te souvenir de ces noms, il te sera d'un grand secours de te souvenir des Dieux, et de te rappeler que ce qu'ils veulent, ce n'est pas d'être flattés, mais que tous les êtres raisonnables travaillent à leur ressembler. Ils veulent enfin que ce soit le figuier qui remplisse la fonction du figuier, le chien celle du chien, l'abeille celle de l'abeille et l'homme, celle de l'homme.

IX. — Un mime, une guerre, l'effroi, la torpeur, l'asservissement effaceront de jour en jour en toi ces préceptes sacrés, que tes études sur la nature te font concevoir et que tu laisses de côté. Il faut en tout voir et agir de manière à venir à bout de ce qui nous embarrasse, à mettre en même temps la théorie en pratique, et à conserver, de la connaissance de chaque chose, une confiance secrète, mais non dissimulée. Quand, en effet, jouiras-tu de la simplicité, de la gravité ? Quand donc auras-tu la connaissance de chaque chose, de ce qu'elle est dans son essence, de la place que dans le monde elle occupe, du temps que la nature la destine à durer, de quels éléments elle est composée, des hommes auxquels elle peut appartenir, et de ceux qui peuvent la donner ou l'ôter ?

X. — Une araignée est fière d'avoir pris une mouche ; cet homme, un levraut ; cet autre, une sardine au filet ; cet autre, des marcassins ; cet autre, des ours ; cet autre, des Sarmates. Tous ces être-là ne sont-ils pas des brigands, si tu approfondis leurs principes d'actions ?

XI. — Comment toutes choses se transforment-elles les unes dans les autres ? Pour l'observer, fais-toi une méthode ; applique-toi constamment et exerce-toi dans ce sens, car rien ne peut faire naître aussi bien la grandeur d'âme. L'homme s'est dépouillé de son corps ; et, considérant que bientôt il lui faudra tout quitter en s'éloignant d'entre les hommes, Il s'en remet tout entier à la justice, lorsqu'il faut qu'il agisse, et, dans les autres cas, à la nature universelle. Ce qu'on pourra dire, ou penser de lui, ou exécuter contre lui, ne lui viens même pas à l'esprit. Deux choses lui suffisent : accomplir selon la justice l'action qu'il doit présentement accomplir, et chérir ce qui lui est donné présentement en partage. Libéré de toute autre préoccupation et de tout autre souci, il ne veut rien autre que marcher jusqu'au bout à la faveur de la loi dans le droit chemin, et suivre Dieu qui marche toujours dans le droit chemin.

XII. — Quel besoin de faire des conjectures, lorsqu'il t'est possible de voir ce qu'il faut faire, et, si tu le distingues, de marcher vers ton but, paisiblement et sans regarder en arrière ; si tu ne le distingues pas, de t'arrêter et de recourir aux plus sages conseils ? Mais, si d'autres difficultés s'opposent à ce vers quoi tu tends, avance selon les ressources qui s'offrent, en t'attachant avec réflexion à ce qui te paraît être la justice. Atteindre à ce but est le plus grand bien, puisque le manquer est le seul échec. Mais qu'il est tranquille et décidé à la fois, radieux et en même temps consistant, l'homme qui suit la raison en tout !

XIII. — Demande-toi, dès que tu sors du sommeil « T'importera-t-il d'être loué par un tiers pour ce que tu accomplis de juste ou de bien ? » Cela ne m'importera pas. As-tu oublié comment ces gens, qui font les importants en louant et en blâmant les autres, se conduisent sur leur lit, comment ils sont à table, ce qu'ils font, ce qu'ils fuient, ce qu'ils recherchent, ce qu'ils volent, ce qu'ils ravissent, non point avec les pieds et les mains, mais avec l'aide de la plus honorable partie d'eux-mêmes, de celle d'où naissent, quand on le veut : la bonne foi, la pudeur, la sincérité, la loi, le bon Génie ?

XIV. — À la nature qui donne et reprend tout, l'homme instruit et modeste dit : « Donne ce que tu veux ; reprends ce que tu veux. » Et il ne le dit point par défi, mais uniquement par obéissance et condescendance pour elle.

XV. — Court est le temps qui t'est laissé. Vis comme sur une montagne. Car il n'importe en rien de vivre ici ou là, si partout tu te conduis dans le monde comme dans une cité. Que les hommes voient et observent un homme qui vit avec la nature en véritable conformité. S'ils ne le souffrent pas, qu'ils te tuent ! Cela vaut mieux que de vivre comme eux.

XVI. — Il ne s'agit plus du tout de discourir sur ce que doit être l'homme de bien, mais de l'être.

XVII. — Représente-toi sans cesse, en sa totalité, le temps et la substance, et que chaque corps, pris en particulier, est à la substance comme un grain de figue, et au temps, comme un tour de vrille.

XVIII. — Songer en t'arrêtant à chacun des objets qui tombent sous tes sens, qu'il se dissout déjà, qu'il se transforme et qu'il est comme atteint par la putréfaction et par la dispersion ; ou bien, envisager que tout est né pour mourir.

XIX. — Vois ce qu'ils sont lorsqu'ils mangent, dorment, s'accouplent, vont à la selle, etc. Vois-les ensuite lorsqu'ils se donnent de grands airs, font les fiers, se fâchent et vous accablent de leur supériorité.

Peu avant, de combien de maîtres étaient-ils les esclaves, et par quelles sujétions ! Peu après, ils se retrouveront réduits au même état !

XX. — Est utile à chacun ce qu'apporte à chacun la nature universelle, et lui est utile dès le moment où elle le lui apporte.

XXI. — La terre aime la pluie, et il aime aussi, le vénérable Ether... Et le monde aussi aime faire ce qui doit advenir. Je dis donc au monde : « J'aime ce que tu aimes. » Ne dit-on pas de même d'une chose : qu'elle aime à survenir ?

XXII. — Ou tu vis ici, et déjà tu en as l'habitude ; ou tu vas ailleurs, et tu l'as voulu ; ou tu meurs, et tu as terminé ta fonction. Hors de là, il n'y a plus rien. Aie donc bon courage.

XXIII. — Tiens toujours pour évident que la campagne soit là-bas pareille à ce lieu-ci, et vois comment tout ce qui est ici est identique à ce qui se trouve ailleurs, dans la campagne, dans la montagne, au bord de la mer, ou en quelque lieu que ce soit. Tu aboutiras à ce mot de Platon : « Entouré d'un enclos, sur la montagne, et trayant son troupeau »

XXIV. — Qu'est pour moi mon principe directeur ? Qu'en fais-je pour l'instant, et à quelle fin l'employé-je pour l'instant ? N'est-il pas privé d'intelligence ? N'est-il pas détaché et arraché de la communauté ; n'est-il pas adhérent et mêlé à la chair, de manière à en suivre les agitations ?

XXV. — Qui fuit son maître est déserteur. Or, comme notre maître est la loi, celui qui s'écarte de la loi est également déserteur. Il l'est en même temps celui qui, soit en s'affligeant, en s'irritant ou en s'effrayant, ne veut pas qu'une chose soit arrivée, arrive ou doive arriver, conformément à l'ordre des choses établi par l'organisateur universel, qui est la loi attribuant à chacun tout ce qui lui survient. En conséquence, celui qui s'effraie, s'afflige ou bien s'irrite, est déserteur.

XXVI. — Lorsqu'il a projeté un germe dans une matrice, le mâle se retire. Puis une autre cause intervient, se met à l'œuvre et parachève l'enfant ; il ressemble à ce dont il provient. À son tour, l'enfant reçoit de la nourriture par le gosier ; et puis, une autre cause intervient et produit la sensation, l'impulsion, en un mot la vie, la force et combien d'autres semblables facultés. Ces phénomènes, qui s'accomplissent en un tel secret, contemple-les, et rends-toi compte de leur puissance comme nous nous rendons compte de celle qui fait tomber les corps ou bien les portes en haut, non par les yeux, mais avec une non moindre évidence.

XXVII. — Songer sans cesse comment tous les événements qui présentement se produisent se sont produits identiques autrefois, et songer aussi qu'ils se reproduiront. Tous ces drames et scènes du même genre, que tu aies connu par ta propre expérience ou par des récits plus anciens, place-les devant tes yeux, par exemple toute la cour d'Hadrien, toute la cour d'Antonin, toute la cour de Philippe, d'Alexandre, de Crésus. Tous ces spectacles étaient les mêmes, mais seulement avec d'autres acteurs.

XXVIII. — Représente-toi tout homme qui se chagrine ou s'indigne de quoi qu'il arrive, comme un porcelet qui regimbe et qui hurle quand on le sacrifie. Pense de même de celui qui, sur un petit lit, se lamente en secret et seul sur nos malheurs. Songe aussi qu'à l'être raisonnable seul il a été donné de pouvoir se plier aux événements de plein gré, tandis que s'y plier tout court est pour tous une nécessité.

XXIX. — À chacune des actions que tu fais, réfléchis et demande-toi si la mort est terrible, parce qu'elle te prive d'agir en ce cas particulier.

XXX. — Lorsque tu es offensé par une faute d'autrui, fais retour aussitôt sur toi-même et vois si tu n'as pas à ton actif quelque faute semblable, en regardant comme un bien, par exemple, l'argent, le plaisir, la gloriole et autres choses semblables. En t'appliquant à cela, tu auras tôt fait d'oublier ton ressentiment, dès que cette pensée te viendra : « Il y est contraint. Que peut-il faire ? » Ou bien, si tu le peux, délivre-le de la contrainte.

XXXI. — En voyant Satyron, représente-toi un Socratique, ou Eutychès ou Hymen ; en voyant Euphrate, représente-toi Eutychion ou Silvanus ; en voyant Alciphron, représente-toi Tropaeophoros ; en voyant Xénophon, représente-toi Criton ou Sévérus. Puis, fixant les yeux sur ta personne, représente-toi un des Césars ; et, à propos de tout individu, fait d'une manière analogue. Ensuite que te vienne à l'esprit cette pensée : « Où sont-ils donc ? — Nulle part ou n'importe où. »

De cette façon, en effet, tu verras sans cesse que les choses humaines ne sont que fumée et néant, surtout si tu te rappelles en même temps que ce qui s'est une fois transformé ne reparaîtra plus jamais dans l'infini du temps. Pourquoi donc t'évertuer ? Pourquoi ne te suffit-il pas de passer décemment ta courte existence ? De quelle matière et de quel sujet tu te prives ! Tout cela, en effet, qu'est-ce autre chose que des sujets d'exercice pour une raison qui apprécie exactement et conformément à la science de la nature ce qui se passe dans la vie ? Persiste donc jusqu'à ce que tu te sois approprié ces pensées, comme un robuste estomac s'approprie tout, comme un feu ardent fait flamme et lumière de tout ce que tu y jettes.

XXXII. — Qu'il ne soit permis à personne de dire de toi avec vérité que tu n'es pas simple ou que tu n'es pas bon. Mais fais mentir quiconque aurait de toi une pareille opinion. Cela dépend absolument de toi. Qui donc t'empêche, en effet, d'être bon et simple ? Tu n'as qu'à décider de ne plus vivre, si tu ne dois pas être un tel homme, car la raison n'exige pas que plus longtemps tu vives, si tu n'es pas un tel homme.

XXXIII. — Qu'est-il possible, en cette matière, de faire ou de dire qui est conforme à la plus saine raison ? Quoi que ce soit, en effet, il est possible de le faire ou de le dire, et ne prétexte pas que tu en es empêché.

Tu ne cesseras pas de gémir avant d'avoir ressenti que, ce que le plaisir est aux voluptueux, tel doit être pour toi l'accomplissement, en toute matière de choix et de rencontre, de tout ce qui est conforme à ta constitution d'homme. Il faut, en effet, regarder comme une jouissance toute activité que tu peux déployer selon ta propre nature, et tu le peux en toute occasion. Il n'est pas donné au rouleau de se laisser aller partout au mouvement qui lui est propre, ni à l'eau, ni au feu, ni à toutes les autres choses que régissent une nature ou une vie sans raison.

Nombreux sont les obstacles qui les arrêtent. Mais l'esprit et la raison peuvent passer au travers de tout ce qui leur résiste, au gré de leur nature et de leur volonté. Mets-toi devant les yeux cette facilité, qui permet à la raison de passer à travers tout obstacle, tout comme au feu de monter, à la pierre de descendre, au rouleau de glisser sur les pentes ; et ne recherche rien de plus. Tous les autres obstacles, en effet, ou bien ne sont que pour le corps, ce cadavre, ou bien — à moins que ce ne soit par le fait d'une opinion donnée et d'une concession de la raison même — sont incapables de blesser et de ne faire aucun mal, sinon l'homme qui les subirait s'en trouverait aussitôt plus mal. Chez tous les êtres différemment constitués, en effet, quelque mal qui leur arrive, celui qui l'éprouve s'en trouve plus mal. Ici, au contraire, s'il faut l'affirmer, l'homme devient d'autant plus fort et d'autant plus digne de louanges, qu'il sait mieux tirer des obstacles le parti le meilleur.

Souviens-toi, en un mot, que le citoyen né ne saurait être lésé par rien de ce qui ne lèse point la cité, et que la cité ne saurait être lésée par rien de ce qui ne lèse point la loi. Or, de tous ces prétendus malheurs, aucun ne lèse la loi. En conséquence, ce qui ne lèse point la loi ne saurait léser la cité ni le citoyen.

XXXIV. — À celui qui a été mordu par les vrais principes, il suffit d'un mot, même du plus court et du plus rebattu, pour lui rappeler d'être sans chagrin et sans crainte. Par exemple :

« Il y a des feuilles que le vent répand à terre… Ainsi des races des hommes … » Feuilles aussi tes propres enfants. Feuilles aussi ces hommes qui t'acclament avec sincérité et te bénissent, ou qui, au contraire, te maudissent, secrètement te blâment et se moquent de toi. Feuilles pareillement ceux qui recueilleront ta renommée posthume. Toutes ces feuilles, en effet, « naissent en la saison printanière. » Puis le vent les abat, et la forêt en fait pousser d'autres à leur place. Ce que toutes choses ont de commun est de ne durer que peu de temps. Mais toi, tu fuis et tu recherches tout, comme si tout devait être éternel. Encore un peu et tu auras fermé les yeux ; et celui qui t'aura porté en terre, un autre déjà le pleurera.

XXXV. — Il faut qu'un œil soit en état de voir tout ce qui est visible, et ne dise pas : « Je veux du vert », car c'est le fait d'un homme aux yeux malades. De même, une ouïe, un odorat sain doivent être prêts à tout ce qui peut être entendu ou olfactif. Un estomac sain doit aussi se comporter de même à l'égard de tout ce qui est nourriture, comme la meule vis-à-vis de toutes les montures qui lui sont destinées. Une intelligence saine doit aussi être prête à tout ce qui peut arriver. Mais celle qui dit : « Puissent mes enfants avoir la vie sauve ! » Ou bien : « Puissé-je, quoi que je fasse, par tous être loué ! » est un œil qui réclame du vert, ou des dents qui réclament du tendre.

XXXVI. — Nul n'a reçu un sort suffisamment heureux pour n'être point, à sa mort, entouré de gens qui saluent avec joie le mal qui lui arrive. Était-il consciencieux et sage ? Au dernier moment, Il se trouvera quelqu'un pour dire à part soi : « Nous allons enfin respirer sans ce maître d'école ! Il ne fut pas sans doute bien gênant pour aucun de nous ; mais je sentais qu'en secret il nous désapprouvait. » Voilà ce qu'on dira du consciencieux. Mais, pour nous autres, combien d'autres motifs font désirer à plusieurs de se voir débarrassés de nous ! Tu devras y réfléchir en mourant, et tu t'en iras d'autant plus aisément que tu penseras : « Je quitte cette vie au cours de laquelle mes associés eux-mêmes, pour qui j'ai tant lutté, tant formulé de vœux, tant conçu de soucis, sont les premiers à désirer me soustraire, dans l'espérance qu'ils en retireront quelque éventuel avantage ! » Pourquoi donc tiendrait-on à prolonger son séjour ici-bas ?

Ne t'en va pas cependant en ayant pour cela des sentiments de moindre bienveillance pour eux. Mais, conservant ton caractère ordinaire, sois amical, bienveillant, amené, sans d'ailleurs laisser croire qu'on t'arrache. Mais, de la même façon que l'âme, dans une belle mort, s'échappe facilement du corps, il faut ainsi te retirer d'eux. C'est à eux, en effet, que la nature te lia et t'assembla. — Mais aujourd'hui elle t'en sépare. — Je m'en sépare donc comme on se quitte entre intimes, sans résister, mais aussi sans contrainte, car c'est aussi là un de ces actes conformes à la nature.

XXXVII. — Prends pour habitude, à toute action, si possible, que tu vois faire à quelqu'un, de te demander à toi-même : « À quel but cet homme rapporte-t-il cette action ? » Mais, commence par toi-même, et examine-toi le premier.

XXXVIII. — Souviens-toi que le fil qui te meut comme une marionnette est cette force cachée au dedans de toi, cette force qui fait qu'on s'exprime, qu'on vit et qui, s'il faut le dire, fait qu'on est homme. Ne te la représente jamais comme confondue avec le réceptacle qui ne l'enveloppe ni avec ces organes qui sont collés autour. Ils sont comme des outils, avec cette seule différence qu'ils naissent naturellement avec nous, vu que ces parties de notre être ne lui servent pas plus, sans la cause qui les met en mouvement et les ramène au repos, que la navette à la tisseuse, le roseau à l'écrivain, et le fouet au cocher.

Partie 11

I. — Les biens propres de l'âme raisonnable : elle se voit elle-même, s'analyse elle-même, se façonne elle-même à sa volonté. Le fruit qu'elle produit, elle-même le récolte, au lieu que les fruits des plantes et ce qui en tient lieu chez les animaux, sont recueillis par d'autres. Elle atteint sa fin propre, à quelque moment que survienne le terme de sa vie. Il n'en est pas de même de la danse, d'une représentation théâtrale et d'autre choses semblables, où l'action tout entière devient défectueuse, si elle est amputée d'un de ses éléments. Mais pour l'âme, en toute occasion et en quelque lieu qu'elle soit surprise, elle rend parfait et suffisant ce qu'elle s'est proposé, de sorte qu'elle peut dire : « Je recueille le fruit de ce qui m'appartient. »

De plus, elle fait le tour du monde entier, du vide qui l'entoure et de la forme qu'il a. Elle plonge dans l'infini de la durée, embrasse la régénération périodique du monde, la considère et se rend compte que ceux qui viendront après nous ne verrons rien de nouveau, et que ceux qui sont venus avant nous n'ont rien vu de plus extraordinaire que nous, mais que l'homme âgé de quarante ans, pour peu qu'il ait d'intelligence, a vu en quelque sorte tout ce qui a été et tout ce qui sera dans l'identité des mêmes choses.

Et le propre de l'âme raisonnable, c'est aussi l'amour de son prochain, la vérité, la pudeur, l'obligation où elle est de s'estimer de préférence à tout, ce qui est aussi le propre de la loi. Ainsi donc, il n'y a aucune différence entre la droite raison et la raison de la justice.

II. — Un chant ravissant, la danse, le pancrace, te paraîtront méprisables, si tu décomposes cette voix mélodieuse en chacun de ses sons, et, si à chacun d'eux, tu te demandes : « Suis-je pris par celui-ci ? » Tu craindrais de le dire. Au sujet de la danse, décompose-la par une méthode analogue en chacun de ses mouvements et de ses attitudes, et fais de même pour le pancrace. En un mot, souviens-toi donc, sauf pour la vertu et pour ce qui vient de la vertu, de pénétrer en dissociant leurs parties jusqu'au fond des choses et de parvenir, grâce à cette analyse, à les mépriser. Reporte cette méthode sur ta vie tout entière.

III. — Quelle âme que celle qui est prête, à l'instant même s'il le faut, à se délier du corps, que ce soit pour s'éteindre, se disperser ou survivre ! Mais le fait d'être prêt doit parvenir d'un jugement propre et non, comme chez les chrétiens, d'une pure obstination. Qu'il soit raisonné, grave, et, si tu veux qu'on te croie, sans pose tragique.

IV. — Ai-je fait acte utile à la communauté ? Je me suis donc rendu service. Aie toujours et en toute occasion cette maxime à ta portée, et ne t'en dépossède jamais.

V. — Quel est ton métier ? D'être homme de bien. Et comment y réussir à propos, sinon à l'aide de ces spéculations, dont les unes s'occupent de la nature du monde universel et les autres, de la constitution particulière de l'homme ?

VI. — Au début, les tragédies furent représentées pour rappeler les accidents de la vie, montrer qu'ils doivent ainsi naturellement arriver, et que les drames qui vous ont séduits sur la scène ne doivent point vous accabler sur une scène plus grande. Elles font voir, en effet, que c'est ainsi qu'il faut que s'accomplissent ces drames, et qu'en sont les victimes ceux mêmes qui crient : « Ah ! Cithéron ! »

Et les auteurs de tragédies émettent aussi de profitables sentences ; celle-ci surtout, par exemple :

« Si je suis par les Dieux oubliés, moi et mes deux enfants, cela même a aussi sa raison. »

Et encore :

« Il ne faut pas s'irriter contre le cours des choses. »

Et : « Moissonner la vie comme un épi chargé de grains. »

Et tant d'autres semblables.

Après la tragédie parut la comédie ancienne. Son libre parler servit d'enseignement ; et, par sa franchise même, rappela, non sans succès, la modestie aux hommes. C'est dans la même intention que Diogène lui emprunta cette franchise.

Après elle, considère pourquoi furent accueillies la comédie moyenne, et enfin la comédie nouvelle, elles qui, en peu de temps, tomba dans l'ingénieuse imitation des mœurs ? Que ces poètes comiques aient dit aussi des choses utiles, on ne l'ignore pas. Mais tout l'effort de cette poésie et de cet art dramatique, à quel but visait-il ?

VII. — Avec quelle évidence tu arrives à penser qu'il ne saurait y avoir dans ta vie une situation aussi favorable à la philosophie, que celle dans laquelle présentement tu te trouves.

VIII. — Un rameau ne peut pas être coupé d'un rameau contigu sans être aussi coupé de l'arbre tout entier. De même, l'homme séparé d'un seul homme est aussi détaché de la communauté tout entière. Néanmoins, si le rameau est détaché par quelqu'un, c'est l'homme lui-même qui se sépare lui-même de son prochain, en le prenant en haine et en aversion, tout en ignorant qu'il s'est en même temps retranché lui-même de la collectivité tout entière. Toutefois, il a reçu de Zeus, l'organisateur de cette communauté, ce privilège c'est qu'il nous est permis de nous rattacher de nouveau à notre voisin, et de redevenir à nouveau une des parties qui constituent l'ensemble. Si pourtant cette séparation plusieurs fois se répète, l'union, pour ce qui s'en détache, est plus malaisée à refaire et plus difficile à rétablir. Somme toute, le rameau qui a toujours cru avec l'arbre et continué de respirer avec lui n'est pas comparable à celui qui, après en avoir été séparé, y a été de nouveau greffé, quoi que disent les jardiniers. Il faut donc croître sur le même tronc, mais non pas en conformité d'opinion.

IX. — Tout comme ceux qui te font obstacle sur le chemin où tu marches selon la droite raison ne sauraient te détourner de sainement agir, qu'ils ne puissent, de même, te détourner d'être envers eux bienveillants. Mais tiens-toi sur tes gardes pour observer également ces deux choses : non seulement un jugement et une conduite inébranlables, mais aussi une inébranlable douceur envers ceux qui tenteraient de te faire obstacle ou de te causer d'autres ennuis. Ce serait faiblesse que de t'indigner contre eux, tout comme de renoncer à l'action et de céder à la crainte. Tous deux sont également déserteurs, et celui qui tremble et celui qui se rend étranger à ceux dont la nature fit nos parents et nos amis.

X. — Aucune nature n'est inférieure à l'art, car les arts ne sont que des imitations des diverses natures. S'il en est ainsi, la nature qui est la plus parfaite de toutes les autres natures et qui les comprend toutes ne saurait être dépassée en ingéniosité artistique. Or, tous les arts font l'inférieur en vue du supérieur. Ainsi donc fait de même, elle aussi, la commune nature. Et voilà par suite comment naît la justice : c'est d'elle que procèdent toutes les autres vertus. Nous ne pourrons, en effet, observer la justice, si nous nous inquiétons des choses indifférentes, et si nous nous laissons facilement aller à l'erreur, à la témérité, à la versatilité.

XI. — Si les objets, dont la poursuite ou la fuite te troublent, ne viennent point te trouver, mais si c'est toi qui vas en quelque sorte au-devant d'eux, porte donc sur eux un jugement tranquille ; ils resteront immobiles, et l'on ne te verra plus ni les poursuivre ni les fuir.

XII. — La sphère de l'âme reste semblable à elle-même lorsque, sans s'étendre au-dehors ni se concentrer au-dedans, sans s'éparpiller ni se contracter, elle s'éclaire d'une lumière qui lui fait voir la vérité, celle de toutes choses et celle qui est en elle.

XIII. — Un tel me méprisera ? Ce sera son affaire. La mienne, c'est que je ne sois jamais pris à faire ou à dire quelque chose qui soit digne de mépris. — Un tel va me haïr ? Ce sera son affaire. Mais la mienne sera de me montrer bienveillant et doux à l'égard de tous, et tout disposer à le détromper lui-même, sans insolence, sans insister sur ma modération, mais sans déguisement, simplement, comme le faisait ce fameux Phocion, si tant est que son calme ne fût pas simulé. C'est du fond du cœur que doivent partir de tels sentiments, et qu'il faut offrir aux regards des Dieux un homme porté à ne s'indigner de rien ni à se plaindre de rien. Quel mal en effet, te surviendrait-il, si tu fais maintenant ce qui est conforme à ta propre nature, et si tu acceptes ce qui est de saison dans l'ordonnance présente de la nature universelle, toi qui as été mis à ton poste d'homme pour être utile, par cela même, à l'intérêt commun ?

XIV. — En se méprisant les uns et les autres, ils cherchent à plaire aux uns et aux autres, et en voulant les uns et les autres se dépasser, ils se cèdent le pas.

XV. — Il y a comme une grossièreté et quelque dépravation à dire : « J'ai préféré me comporter franchement avec toi. — Homme, que fais-tu ? Il ne faut pas commencer par affirmer cela. La chose d'elle-même le déclarera. Elle doit être écrite sur ton front ; ta voix doit aussitôt l'exprimer ; tes yeux doivent aussitôt la montrer, à l'instar de l'aimé qui tonnait aussitôt, dans le regard de ses amants, tout ce qu'ils éprouvent. En un mot, il faut que l'homme droit et honnête ressemble à l'homme qui sent le bouc, en sorte que quiconque s'approche de lui sente dès l'abord, qu'il le veuille ou non, ce qu'il en est. La recherche de la simplicité est un coutelas. Rien n'est plus odieux qu'une amitié de loup. Évite ce vice avant tous. L'homme de bien, l'homme droit, bienveillant porte ces qualités dans leurs yeux, et elles n'échappent point.

XVI. — Vivre de la vie la plus belle, notre âme en elle-même en trouve le pouvoir, pourvu qu'elle reste indifférente aux choses indifférentes. Elle y restera indifférente, si elle considère chacune d'elles séparément et par rapport au Tout, si elle ne se souvient qu'aucune ne fait notre opinion sur elles ni ne vient nous chercher, mais que ces choses demeurent en repos et que c'est nous qui portons des jugements sur elles et qui, pour ainsi dire, les gravons en nous-mêmes, tout en ayant le pouvoir de ne pas les y graver, et même, si elles s'y sont gravées à notre insu, de les effacer aussitôt. Sache aussi qu'une telle attention sera de courte durée, et qu'enfin tu cesseras de vivre. Après tout, qu'y a-t-il de pénible à ce que les choses soient ainsi ? Si elles sont conformes à la nature, jouis-en et qu'elles te soient aisées ! Mais si elles sont contraires à la nature, cherche ce qui est conforme à ta nature, poursuis cette fin, même si elle est sans gloire. Tout homme, en effet, est autorisé à chercher son bien propre.

XVII. — D'où est venue chaque chose ? De quels éléments chacune est-elle composée ? En quoi se transforme-t-elle ? Que sera-t-elle après avoir été transformée, sans d'ailleurs en souffrir aucun mal ?

XVIII. — Et premièrement, quel rapport y a-t-il entre ces hommes et moi ? C'est que nous sommes nés les uns pour les autres, et que, sous un autre rapport, je suis né pour être à leur tête, comme le bélier à la tête du bétail et le taureau à celle du troupeau. Appuie-toi plus haut et pars de ce principe : « S'il n'y a pas d'atomes, c'est la nature qui régit l'univers. Si cela est, les êtres inférieurs sont créés en vue des êtres supérieurs, et ceux-ci les uns pour les autres.

Deuxièmement, comment se comportent-ils à table, au lit et ailleurs ? Et surtout, quelles obligations issues de leurs principes, tiennent-ils pour établies, et ces décisions mêmes, avec quel orgueil les accomplissent-ils !

Troisièmement, s'ils ont raison d'agir ainsi, il ne faut pas t'en affliger. S'ils n'ont pas raison, il est évident que c'est sans le vouloir et par ignorance, car toute âme ne se prive qu'involontairement, tant de la vérité que de se comporter à l'égard de toute chose selon sa valeur. C'est pour cela qu'ils s'indignent de s'entendre appelés injustes, ingrats, cupides et, en un mot, d'être crus capables de faire tort au prochain.

Quatrièmement, toi aussi tu commets bien des fautes, et tu es tel que ce que sont les autres. Si tu t'abstiens de certaines fautes, tu as pourtant la disposition qui t'y porte, même si, par lâcheté, vanité et tel autre vice semblable, tu évites de faire les mêmes fautes.

Cinquièmement, même s'ils commettent des fautes, tu n'en as pas la certitude, car bien des actes se font à bon escient. Et, somme toute, il faudrait d'abord connaître bien des choses, avant de se prononcer sur une action d'autrui en connaissance de cause.

Sixièmement, lorsque tu t'indignes ou que tu t'affliges outre mesure, songe que la vie est de très courte durée et que sous peu nous serons étendus.

Septièmement, ce ne sont pas leurs actions qui nous troublent, car elles ont leurs principes dans l'esprit qui dirige ces hommes, mais les opinions que nous nous en formons. Supprime donc et décide-toi à rejeter le jugement qui te les fait estimer comme funestes, et ta colère sera dissipée. Mais comment le supprimer ? En estimant que tels actes n'ont rien pour toi de honteux. Si, en effet, l'acte que suit la honte n'était pas le seul mal, tu commettrais nécessairement, toi aussi, bien des fautes ; tu deviendrais brigand et capable de tout.

Huitièmement, combien les colères et les chagrins que nous éprouvons alors sont plus pénibles que les choses mêmes à propos desquelles nous nous mettons en colère et nous nous indignons !

Neuvièmement, la bienveillance est invincible, si elle est sincère, sans grimacier et sans hypocrisie. Que pourra te faire, en effet, le plus violent des hommes, si tu persistes à rester pour lui bienveillant, et si, à l'occasion, tu l'exhortes avec douceur, et, au moment même où il essaie de te faire du mal, tu entreprends tranquillement de lui faire changer d'avis : « Non, mon enfant. Nous sommes nés pour autre chose. Ce n'est pas à moi que tu feras du mal, c'est à toi-même que tu en feras, mon enfant. » Et montre-lui adroitement et d'un point de vue général, qu'il en est ainsi, et que, ni les abeilles, ni aucun des animaux nés pour vivre en troupeaux, n'agissent comme lui. Il faut lui donner cette leçon sans ironie, sans acrimonie, mais affectueusement et sans rancune au fond de l'âme, et non comme un maître à l'école, ni pour te faire admirer d'un témoin ; mais adresse-toi à lui seul, même s'il y a des gens qui soient autour.

Souviens-toi de ces neuf points capitaux comme de présents que tu aurais reçus des Muses, et commence enfin à être un homme, pendant que tu vis. Mais, autant que de s'emporter contre eux, il faut se garder de les flatter ; l'un comme l'autre, ces excès sont contraires à la sociabilité et aboutissent à nuire. Et, dans tes colères, aie présent à l'esprit que ce n'est pas l'irritation qui est virile, mais que la douceur et la politesse sont des vertus d'autant plus humaines qu'elles sont plus mâles, et que celui qui en est pourvu montre plus de force, de nerfs et de virilité que celui qui s'indigne et se fâche. Plus son attitude se rapproche de l'impassibilité, plus elle se rapproche aussi de la force. Mais, si le chagrin est signe de faiblesse, la colère l'est aussi ; dans les deux cas, c'est être blessé et capituler.

Puis, si tu veux, reçois du Musagète ce dixième présent : ne pas admettre que les méchants fassent des fautes, c'est folie, car c'est exiger l'impossible. Mais leur permettre d'en faire contre les autres et trouver bon qu'ils n'en fassent point contre toi, c'est déraison et tyrannie.

XIX. — Il y a, entre toutes, quatre altérations du principe directeur dont il faut continuellement se garder ; et, dès que tu les auras surprises, il faut les effacer en te disant, à propos de chacune, ceci : « Cette idée n'est pas nécessaire ; celle-ci tend au relâchement de la sociabilité ; celle-là, que tu vas exprimer, ne provient pas de toi. Or, exprimer une idée qui ne provient pas de toi, songe que c'est une des choses les plus absurdes qui soient. Et voici la quatrième aberration que tu dois te reprocher à toi-même : c'est que ta conduite résulte de la soumission et de l'assujettissement de la partie la plus divine de toi-même à la partie mortelle et la moins estimable, à ton corps et à ses grossières voluptés.

XX. — Les parties d'air et toutes les parcelles de feu qui entrent en ta composition, bien que tendant par nature à s'élever, obéissent cependant à l'ordonnance du Tout, et sont dans ce mélange retenu ici-bas. De même, toutes les parties de terre et d'eau qui sont en toi, quoique tendant vers le bas, se redressent pourtant et se maintiennent debout dans une situation qui ne leur est pas naturelle. Ainsi donc, les éléments eux-mêmes obéissent au Tout, puisque, lorsqu'ils ont été disposés quelque part, ils y restent avec force, jusqu'au moment où le signal de la dissolution leur est donné de nouveau. N'est-il donc pas étrange que, seule, la partie intelligente de ton être soit indocile et s'indigne de la place qui lui est assignée ? Et cependant rien de violent ne lui est imposé, mais seulement ce qui est conforme à sa nature. Elle ne veut point pourtant le supporter, mais elle tend à faire tout le contraire, car le mouvement qui la porte à l'injustice, à l'intempérance, à la colère, à l'affliction, à la crainte, n'est rien autre qu'une révolte contre la nature. De même, toutes les fois que ton principe directeur s'indigne contre un événement, il abandonne aussi son poste. En effet, l'âme n'est pas moins faite pour la piété et le culte des Dieux que pour la justice. Ces deux vertus sont la condition de la sociabilité, et sont plus respectables que la pratique de la justice.

XXI. — Celui dont la vie n'a pas un but unique et toujours le même, ne peut pas rester unique et le même durant toute sa vie. Ce que je dis là ne suffit pas, si tu n'y ajoutes ceci : quel doit être ce but ? De même, en effet, que l'opinion des hommes n'est pas la même sur toutes les choses que le vulgaire considère en quelque sorte comme des biens, mais qu'ils s'entendent sur certaines d'entre elles, celles qui touchent à l'intérêt commun ; de même, c'est ce but, le bien commun et public, qu'il faut se proposer. L'homme qui tend vers ce but toutes les initiatives qui lui sont propres rendra tous ses actes pareils et restera, de ce fait, toujours le même.

XXII. — Le rat de montagne et le rat de maison : la terreur du premier et sa fuite éperdue.

XXIII. — Socrate appelait les opinions de la foule des Lamies, épouvantails pour les enfants.

XXIV. — Les Lacédémoniens, dans leurs fêtes, plaçaient à l'ombre des sièges pour les étrangers ; mais eux, ils se contentaient n'importe où de s'asseoir.

XXV. — Socrate disait à Perdiccas, pour s'excuser de ne pas aller chez lui : « C'est, disait-il, pour ne pas périr de la pire des morts. » C'est-à-dire : afin de ne pas recevoir un bienfait que je ne pourrais rendre.

XXVI. — Dans les écrits des Éphésiens, se trouvait cette maxime : « Se rappeler constamment l'exemple d'un des anciens qui avaient pratiqué la vertu. »

XXVII. — Les Pythagoriciens conseillaient de lever, dès l'aurore, les yeux vers le ciel, afin que nous nous souvenions de ces êtres qui continuent toujours l'accomplissement de leur tâche d'après les mêmes lois et de la même façon, de leur ordre, de leur pureté, de leur nudité, car aucun voile ne recouvre les astres.

XXVIII. — Tel Socrate qui revêtit une peau de bête, un jour que Xantippe était sortie en emportant son vêtement. Et ce que Socrate dit à ses amis qui rougissaient et se retiraient, lorsqu'ils le virent équipé ainsi.

XXIX. — Dans l'art de l'écriture et de la lecture, tu ne peux enseigner avant d'avoir appris. Il en est de même, à plus forte raison, de l'art de la vie.

XXX. — « Tu es né esclave, il ne t'appartient pas de parler. »

XXXI. — « Mon cœur ami en a souri. »

XXXII. — « Ils condamneront la vertu en proférant de malveillantes paroles. »

XXXIII. — « Désirer en hiver une figue sur l'arbre est d'un fou ; c'est égale folie de désirer un enfant, lorsqu'il n'est plus permis.

XXXIV. — « En embrassant ton enfant, disait Épictète, il faut se dire en soi-même : « Demain peut-être tu mourras. » — C'est de mauvais augure. — Ce n'est pas de mauvais augure, ajoutait-il, mais l'indication d'un fait naturel. Autrement, ce serait de mauvais augure que de dire des épis qu'ils seront moissonnés. »

XXXV. — « Raisin vert, raisin mûr, raisin sec, tout est changement, non pour ne plus être, mais pour devenir ce qui n'est pas encore. »

XXXVI. — « De voleur du libre arbitre, il n'en est pas. » Le mot est d'Épictète.

XXXVII. — « Il faut, dit-il, trouver l'art de donner son assentiment, et, dans la partie de son livre relative aux initiatives, il faut veiller, ajoutait-il, à être attentif, afin qu'elles soient prises avec discernement, afin qu'elles soient utiles à la communauté, afin qu'elles soient conditionnées au mérite des choses. Et, quant aux désirs, il faut absolument s'en abstenir, et se garder aussi d'avoir de l'aversion pour rien de ce qui ne dépend pas de nous. »

XXXVIII. — « Le débat, dit-il, ne porte donc pas sur une chose quelconque, mais sur le fait de savoir si nous sommes fous ou non.»

XXXIX. — Socrate disait : « Que voulez-vous ? Avoir l'âme des êtres raisonnables ou des êtres privés de raison ?

— Des êtres raisonnables.

— De quels êtres raisonnables, des sains ou des pervers ?

— Des sains.

— Pourquoi donc ne la cherchez-vous pas ?

— Parce que nous l'avons.

— Pourquoi donc alors vous battez-vous et vous disputez-vous ? »

Partie 12

I. — Tous ces biens que tu désires atteindre par de longs détours, tu peux dès maintenant les avoir, si tu ne te les refuses pas à toi-même. Je veux dire : si tu laisses tout le passé, si tu remets l'avenir à la Providence, et si, te bornant uniquement au présent, tu le diriges vers la piété et vers la justice. Vers la piété, afin que tu aimes le sort qui t'est échu, car la nature te l'a destiné, tout comme elle te destinait à lui. Vers la justice, afin que librement et sans ambiguïté tu dises la vérité, et que tu agisses selon la loi et la valeur des choses. Ne te laisse pas entraver par la malice, l'opinion et la parole d'autrui, ni par les sensations de ce morceau de chair caillée autour de toi ; c'est à ce qui souffre d'y aviser. Si donc, à quelque moment que tu arrives au départ, tu renonces à tout le reste pour ne plus honorer que ton principe directeur et ce qu'en toi il y a de divin ; si tu crains, non pas de cesser un jour de vivre, mais de ne jamais commencer à vivre conformément à la nature, tu seras un homme digne du monde qui t'a engendré, tu cesseras d'être étranger à ta patrie, de t'étonner, comme de choses inattendues, de ce qui survient chaque jour, et de dépendre d'une chose ou d'une autre.

II. — Dieu voit à nu tous les principes directeurs, sous leurs enveloppes matérielles, sous leurs écorces et leurs impuretés. Car il ne prend contact, et par sa seule intelligence, qu'avec les seules choses qui sont, en ces principes, émanées de lui-même et en ont dérivé. Si toi aussi, tu t'accoutumes à le faire, tu te délivreras d'un très grand embarras. Celui, en effet, qui ne voit pas le morceau de chair qui l'enveloppe, perdra-t-il son temps à s'inquiéter de vêtement, de demeure, de réputation, d'accessoires de ce genre et de mise en scène ?

III. — Trois choses te composent : le corps, le souffle, l'intelligence. De ces choses, deux sont à toi, en tant seulement qu'il faut que tu en prennes soin. La troisième seule est proprement tienne. Si donc tu bannis de toi-même, c'est-à-dire de ta pensée, tout ce que les autres font ou disent, tout ce que toi-même a fait ou dit, tout ce qui, en tant qu'à venir, te trouble, tout ce qui, indépendamment de ta volonté, appartenant au corps qui t'enveloppe ou au souffle qui t'accompagne, s'attache en outre à toi même, et tout ce que le tourbillon extérieur entraîne en son circuit, en sorte que ta force intelligente, affranchie de tout ce qui dépend du destin, pur, parfait, vive par elle-même en pratiquant la justice, en acquiesçant à ce qui arrive et en disant la vérité ; si tu bannis, dis-je, de ce principe intérieur tout ce qui provient de la passion, tout ce qui est avant ou après le moment présent ; si tu fais de toi-même comme le dit Empédocle : une sphère parfaite, heureuse de sa stable rotondité ; si tu t'exerces à vivre seulement ce que tu vis, c'est-à-dire le présent, tu pourras vivre tout le temps qui te reste jusqu'à la mort en le passant dans le calme, dans la bienveillance et l'amabilité envers ton Génie.

IV. — Maintes fois je me suis étonné de ce que chaque homme, tout en s'aimant de préférence à tous, fasse pourtant moins de cas de son opinion sur lui-même que de celle que les autres ont de lui. Et c'est à ce point que si un Dieu venait à ses côtés, ou que si un sage précepteur lui ordonnait de ne rien penser, et de ne rien concevoir en lui-même sans aussitôt à haute voix l'exprimer, il ne pourrait pas, même un seul jour, s'y résigner. Ainsi, nous appréhendons davantage l'opinion de nos voisins sur nous-mêmes que la nôtre propre.

V. — Comment donc les Dieux, qui ont tout réglé avec sagesse et bonté pour les hommes, ont-ils pu commettre cette seule négligence, que certains hommes absolument bons, après avoir conclu avec la Divinité comme tant de pactes, après s'être rendus durant si longtemps, par leur sainte conduite et leurs pieuses pratiques, les familiers de la divinité, ne reviennent plus une fois qu'ils sont morts, mais sont complètement éteints ? S'il en est ainsi, sache bien que si les choses avaient dû se passer autrement, les

Dieux y auraient avisé. Ce qui, en effet, eût été juste aurait été aussi rendu possible, et ce qui eût été conforme à la nature, la nature l'aurait fait aboutir. De ce qu'il n'en est pas ainsi, si toutefois, il n'en est pas ainsi, sois bien persuadé qu'il ne fallait pas qu'il en fût autrement. Car tu vois bien par toi-même qu'en posant ce problème, tu plaides contre Dieu. Or, pourrions-nous discuter ainsi avec les Dieux, s'ils n'étaient très bons et très justes ? Cela étant, ils n'ont point eu, contre toute justice et contre toute raison, l'indifférence de ne pas se soucier d'une des choses qui rentrent dans l'ordonnance du monde.

VI. — Habitue-toi à tout ce qui te décourage. La main gauche, en effet, tout inhabile qu'elle soit en tout le reste, faute d'habitude, conduit les rênes plus fortement que la droite ; c'est qu'elle y est habituée.

VII. — En quelles dispositions il faut être, de corps et d'âme, lorsque la mort te surprendra. Songe à la brièveté de la vie, au gouffre du temps qui est devant et derrière toi, à la fragilité de toute matière.

VIII. — Considère les causes formelles dépouillées de leurs écorces ; les motifs des actions ; ce que sont la peine, le plaisir, la mort, la gloire ; quel est celui qui se crée à lui-même ses embarras ; comment personne n'est entravé par autrui ; que tout n'est qu'opinion.

IX. — Il faut, dans la pratique des principes, être semblable au pugiliste et non au gladiateur. Si celui-ci, en effet, laisse tomber l'épée dont il se sert, il est tué. L'autre dispose toujours de sa main, et n'a besoin de rien autre que de serrer le poing.

X. — Voir ce que sont les choses en elles-mêmes, les distinguer en leur matière, en leur cause, en leur finalité.

XI. — Quel étonnant pouvoir possède l'homme, de ne rien faire que ce que Dieu doit approuver, et d'accepter tout ce que Dieu lui départi.

XII. — Pour ce qui provient de la nature, il ne faut pas s'en prendre aux Dieux, car volontairement ou involontairement ils ne se trompent jamais ; ni aux hommes, car il ne faut qu'involontairement. Il ne faut donc s'en prendre à personne.

XIII. — Combien est ridicule et étrange l'homme qui s'étonne de quoi que ce soit qui arrive en la vie !

XIV. — Ou bien une nécessité fatale et un ordre immuable, ou bien une Providence exorable, ou bien un chaos fortuit, sans administrateur. Si c'est une nécessité immuable, pourquoi résistes-tu ? Si c'est une Providence accessible à la miséricorde, rends-toi digne du secours de la divinité. Si c'est un chaos sans direction, contente-toi, au milieu d'une telle agitation, de posséder en toi-même une intelligence à même de te diriger. Mais si l'agitation t'emporte, qu'elle emporte ta chair, ton souffle, tout le reste ! Ton intelligence, elle ne l'emportera pas.

XV. — Si la lumière d'une lampe, jusqu'à ce qu'elle s'éteigne, brille et ne perd pas son éclat : la vérité, la justice et la sagesse s'éteindront-elles avant toi ?

XVI. — À propos de celui qui te donne lieu de penser qu'il a fauté, dis-toi • « Sais-je donc si c'est une faute ? » Et si, en effet, il a fauté, ajoute : « Il s'est condamné lui-même. » Et c'est alors comme s'il s'était lui-même déchiré le visage. Celui qui n'admet pas que le méchant commette des fautes est semblable à celui qui n'admettrait pas que le figuier porte du suc aux figues, que les nouveau-nés vagissent, que le cheval hennisse, et toutes autres nécessités de cet ordre. Que peut-on supporter, en effet, en se trouvant en une telle disposition d'esprit ? Si tu es exaspéré, guéris-toi de cette façon d'être.

XVII. — Si ce n'est pas convenable, ne le fais pas ; si ce n'est pas vrai, ne le dis pas. Que la décision provienne de toi.

XVIII. — Voir toujours en tout quelle est en elle-même la chose qui fait naître en toi l'idée, l'expliquer en l'analysant dans sa cause, dans sa matière, dans sa finalité, dans sa durée, au bout de laquelle il lui faudra cesser d'être.

XIX. — Rends-toi compte enfin que tu as en toi-même quelque chose de plus puissant et de plus divin que ce qui suscite les passions et que ce qui, pour tout dire, t'agite comme une marionnette. Quel est en ce moment le mobile de ma pensée ? N'est-ce pas la crainte, le soupçon, la convoitise ou quelque autre passion de cette sorte ?

XX. — Premièrement, ne rien faire au hasard ni sans le rattacher à un but. — Deuxièmement, ne rapporter ses actions à rien autre qu'à une fin utile au bien commun.

XXI. — Songe qu'avant longtemps tu ne seras plus nulle part, que tu ne compteras plus au nombre de ces choses que tu ne vois maintenant ni de ces êtres qui vivent maintenant. Tout est né, en effet, pour changer, se transformer, se corrompre, afin que surviennent d'autres existences.

XXII. — Songe que tout n'est qu'opinion, et que l'opinion elle-même dépend de toi. Supprime donc ton opinion ; et, comme un vaisseau qui a doublé le cap, tu trouveras mer apaisée, calme complet, golfe sans vagues.

XXIII. — Une énergie particulière quelconque, qui cesse en son temps, ne souffre rien du fait d'avoir pris fin ; et le bénéficiaire de cette activité n'éprouve non plus aucun dommage du fait qu'elle ait pris fin. De même, cette somme de toutes ces actions qui constitue la vie, si elle s'arrête en son temps, n'éprouve aucun dommage du fait qu'elle soit arrêtée, et celui qui a mis fin en son temps à cet enchaînement n'en souffre aucun dommage. Ce temps, cette limite, c'est la nature qui les fixe ; parfois c'est la nature particulière d'un individu, lorsqu'il meurt de vieillesse ; mais généralement c'est la nature universelle qui, par la transformation de ses diverses parties, maintient toujours jeune et dans sa pleine force le monde universel. Or, toujours beau et toujours de saison, est-ce qui est avantageux en tout. La cessation de la vie n'est donc pas un mal pour un individu ; elle ne lui inflige aucun opprobre, puisqu'elle échappe à sa volonté et ne nuit pas à la communauté. C'est au contraire un bien puisqu'elle est opportune, avantageuse au Tout et conforme au mouvement général. Ainsi, il est porté par le souffle de Dieu celui qui se porte aux mêmes choses que Dieu et qui, par décision réfléchie, se porte aux mêmes fins.

XXIV. — Il faut avoir ces trois pensées toujours présentes à l'esprit.

En ce qui concerne tes actions, qu'elles ne soient point exécutées au hasard, ni autrement que ne les eût accomplies la justice elle-même. Quant aux événements extérieurs, pense qu'ils sont dus, soit au hasard, soit à la Providence, et qu'il ne faut ni blâmer le hasard ni accuser la Providence.

Deuxièmement. Songe à ce que devient chaque homme depuis la conception jusqu'à l'animation, et depuis ce moment jusqu'à ce qu'il ait rendu l'âme. De quels éléments se compose-t-il ; en quels éléments se résoudra-t-il ?

Troisièmement. Suppose que, subitement élevé dans les airs, de là-haut tu contemples les choses humaines et leur mobilité, comme tu les mépriserais en voyant en même temps l'immense étendue où demeurent les habitants de l'air et des régions éthérées ! Et, chaque fois que tu t'élèverais, tu reverrais les mêmes choses, leur uniformité, leur courte durée. Est-ce là un sujet d'orgueil ?

XXV. — Chasse dehors l'opinion et tu seras sauvé. Qui donc t'empêche de la chasser ?

XXVI. — Lorsque tu t'impatientes contre quelque chose, tu oublies que tout arrive conformément à la nature universelle ; que la faute commise ne te concerne pas, et aussi que tout ce qui arrive est toujours arrivé ainsi, arrivera encore et arrive partout, même à l'heure qu'il est. Tu oublies quelle parenté unit l'homme à tout le genre humain, parenté qui n'est pas celle du sang ou bien de la semence, mais qui provient de la participation commune à la même Intelligence. Tu oublies encore que l'intelligence de chacun est Dieu et découle de Dieu ; que rien n'est en propre à personne, mais que notre enfant, notre corps, notre âme nous sont venus de Dieu ; que tout n'est qu'opinion ; que chacun ne vit que le moment présent et ne perd que l'instant.

XXVII. — Rappelle-toi sans cesse ceux qui, pour un motif ou un autre, se laissaient aller à des irritations excessives, ceux qui ont atteint le comble des honneurs, des malheurs, des inimitiés ou des fortunes les plus diverses ; puis, demande-toi : « Que reste-t-il aujourd'hui de tout cela ? Fumée, cendre, légende, et pas même légende. » Représente-toi en même temps tous les cas de ce genre, soit Fabius Catullinus à sa campagne, Lucius Lupus en ses jardins, Stertinius à Baïes, Tibère à Caprée, Velius Rufus, et, en un mot, tous ceux qui se distinguèrent en quoi que ce soit en concevant d'eux-mêmes une haute opinion, combien était mesquin l'objet de tous leurs efforts, et combien il eut été plus digne d'un sage de se montrer, dans la matière qui lui était offerte, juste, tempérant et soumis aux Dieux avec simplicité. L'orgueil, en effet, qui s'enorgueillit sous la modestie, est le plus insupportable de tous.

XXVIII. — À ceux qui demandent : « Où as-tu vu les Dieux ? Ou bien, par quel moyen conçois-tu qu'ils existent, puisque tu les honores ? -Tout d'abord ils sont visibles au regard. Et puis, je n'ai jamais vu mon âme, et pourtant je l'honore. Il en est ainsi pour les Dieux. Des marques de leur puissance qu'en toute occasion je constate, je conçois qu'ils existent, et je les respecte.

XXIX. — Le salut de la vie consiste à voir à fond ce qu'est chaque chose en elle-même, quelle est sa matière, quelle est sa cause formelle ; à pratiquer la justice, du fond de son âme, et à dire la vérité. Que reste-t-il, sinon à tirer parti de la vie pour enchaîner une bonne action à une autre, sans laisser entre elles le plus petit intervalle ?

XXX. — Une est la lumière du soleil, bien qu'elle se laisse séparer par des murs, des montagnes et mille autres obstacles. Une est la substance universelle, bien qu'elle se sépare en combien de milliers de corps particuliers. Un est le souffle vital, bien qu'il se sépare en des milliers de natures et de particulières délimitations. Une est l'âme intelligente, bien qu'elle paraisse se partager. De ces diverses parties, les unes, comme les souffles vitaux et les éléments sous-jacents sont indifférents et entre eux sans lien de parenté. Et pourtant ces mêmes parties sont maintenues par la force qui les unit et la pesanteur qui porte sur elles. L'intelligence, au contraire, par son caractère particulier, tends à ce qui lui est apparenté, s'y réunit, et son ardeur pour cette agrégation est invincible.

XXXI. — Que recherches-tu ? Continuer à vivre ? Mais est-ce pour sentir, vouloir, se développer, cesser ensuite, user de la parole, penser ? Que trouves-tu en tout cela qui vaut d'être désiré ? Si chacune de ces activités te paraît méprisable, résigne-toi enfin à obéir à la raison et à Dieu. Mais respecter ces activités et souffrir à la pensée que la mort viendra nous en priver est une contradiction.

XXXII. — Quelle infime partie du temps sans limites, de l'insondable durée, a été répartie à chacun ! Dans un instant, en effet, elle s'évanouira dans l'éternité. Quelle infime partie de la substance universelle ! Quelle infime partie de la vie universelle ! Sur quelle infime motte de la terre universelle rampes-tu ! Réfléchissant à cela, représente-toi qu'il n'y a rien de grand que d'agir comme le veut ta nature, et que de supporter ce que t'apporte la commune nature.

XXXIII. — Comment se sert-il de lui-même ton principe directeur ? Tout est là. Le reste, qu'il dépende ou non de ton libre arbitre, n'est que cadavre et fumée.

XXXIV. — Ce qui incite le plus à mépriser la mort, c'est que ceux mêmes qui jugent que le plaisir est un bien et la douleur un mal l'ont pourtant méprisée.

XXXV. — Pour celui qui estime qu'il n'y a de bon que ce qui arrive à son heure, pour celui à qui il est égal d'accomplir un nombre plus ou moins grand d'actions conformes à la droite raison, pour celui à qui il importe peu de contempler le monde plus ou moins longtemps ; pour cet homme-là, la mort n'a rien d'effrayant.

XXXVI. — O homme ! Tu as été citoyen de cette grande cité, que t'importe de l'avoir été cinq ans ou trois ans ! Ce qui est selon les lois est équitable pour tous. Qu'y a-t-il donc de terrible, si tu es renvoyé de la cité, non par un tyran ou par un juge inique, mais par la nature qui t'y a fait entrer ? C'est comme si le préteur congédiait de la scène l'acteur qu'il avait engagé. — Mais je n'ai pas joué les cinq actes ; trois seulement. — Tu les as bien joués ; mais, dans la vie, trois actes font un drame tout entier. Celui qui, en effet, fixe le dénouement est celui-là même qui fut naguère la cause de ta composition et qui est aujourd'hui celui de ta dissolution. Pour toi, tu es irresponsable dans l'un et l'autre cas. Pars donc de bonne grâce, car celui qui te donne congé le fait de bonne grâce.

FIN.

ISBN 9798761797154 Independently published

Tous droits réservés 2021

Auteur : Marc Aurèle (121 ap J.C – 180 ap J.C)

Traducteur : J. Barthélemy-Saint-Hilaire (1805 – 1895)

Parution de l'ouvrage : entre 170 et 180 ap J.C

Photos : domaine public

Made in the USA
Las Vegas, NV
16 December 2023

82901274R00075